Méthode de français

A2.1

M. Butzbach
C. Martin
D. Pastor
I. Saracibar

Français Langue Étrangère

Tableau des contenus

	Communication	Grammaire	Vocabulaire
p. 7-10 UNITÉ 0	• Réactiver ses connaissances • Décrire une scène • Parler de la rentrée au collège • Parler de ses activités • Communiquer en classe	• Les verbes au présent • *Faire du / de la / de l' / des* • *Jouer du / de la / de l' / des* • *Jouer au / à la / à l' / aux* • Les mots interrogatifs	• Vêtements et couleurs • Le matériel scolaire • Les grands nombres (jusqu'à un million)
p. 11-20 UNITÉ 1	• Décrire physiquement une personne ou un animal • S'informer sur l'identité de quelqu'un • Indiquer la nationalité et le pays • Exprimer ce que l'on ressent	• *C'est un / une… qui* • Prépositions de lieu (villes et pays) • *Avoir mal au / à la / à l' / aux* • Les verbes *pouvoir* et *vouloir*	• Adjectifs de description • Pays et nationalités • Les sensations (faim, soif, mal, peur)

Je m'amuse / *Bilan oral* « Au café de l'Europe »

p. 21-30 UNITÉ 2	• Indiquer un itinéraire • Indiquer où l'on va, d'où l'on vient • Faire des propositions, accepter ou refuser • Parler de ses projets immédiats	• *Aller au / à la / à l' / aux* • *Venir du / de la / de l' / des* • Le futur proche • *On = tout le monde*	• La ville : lieux, itinéraires… • Professions • Activités et loisirs

Je m'amuse / *Bilan oral* « Grand cross au collège »

p. 31-32 Vers le Delf — Évaluation par compétences : unités 1 et 2

p. 33-42 UNITÉ 3	• Faire des achats dans un magasin d'alimentation • Inviter quelqu'un, accepter / refuser poliment une invitation • Exprimer la possession • Expliquer une recette de cuisine • Préciser une quantité	• Les adjectifs possessifs (plusieurs possesseurs) • *Je voudrais…* (politesse) • Les pronoms COD avec l'impératif (affirmatif et négatif) • La quantité	• Achats et magasins d'alimentation • Les aliments (1) • Les recettes

Je m'amuse / *Bilan oral* « Fête de famille »

p. 43-52 UNITÉ 4	• Parler de sa maison, de sa chambre, de ses objets personnels • Raconter des événements passés	• Les prépositions de lieu avec *de* • Le passé composé (1) : formation et auxiliaires	• La maison : pièces, meubles, décoration • Expressions de lieu

Je m'amuse / *Bilan oral* « L'ordinateur volé »

p. 53-54 Vers le Delf — Évaluation par compétences : unités 3 et 4

p. 55-64 UNITÉ 5	• Faire une commande au restaurant • Parler de ses habitudes et de son alimentation • Découvrir la langue poétique • Raconter des anecdotes au passé	• Le pronom *en* • Le passé composé (2) : participes passés en [e], [i], [y]	• Les ustensiles de table • Expressions de temps (fréquence) • Les aliments (2)

Je m'amuse / *Bilan oral* « Les 80 jours de Lucas Dufour »

p. 65-74 UNITÉ 6	• Parler des saisons, du temps qu'il fait • S'informer et donner des informations précises sur un animal • Faire des comparaisons • Parler de l'avenir (prévisions, projets)	• Le comparatif et le superlatif • Le futur simple : formation et verbes irréguliers • Les pronoms COD avec le présent et le futur	• Les saisons et la météo • Les animaux de la savane • Les grands nombres (mesures et quantités) • Expressions de temps (futur)

Je m'amuse / *Bilan oral* « Sauvons les abeilles ! »

p. 75-76 Vers le Delf — Évaluation par compétences : unités 5 et 6

ANNEXES
- **Transcriptions** : p. 77-86
- **Résumé grammatical, conjugaison et phonétique** : p. 87-96
- **Actes de communication** : p. 97-99
- **Lexique plurilingue** : p. 100-106

Sons et graphies	Civilisation	Tâches finales	Compétences clés
• Révision des sons vocaliques / consonantiques et des intonations de base			• C. sociales et civiques • C. mathématiques
• Les sons [ɑ̃], [ɔ̃] et [ɛ̃] • Le son [uj] • **Je lis, j'écris :** an, en = [ɑ̃]	• L'Union européenne • **Atelier d'écriture :** Écrire une annonce	• Je présente une personnalité	• C. sociales et civiques • Sensibilité et expression culturelles
• Les sons [b], [v] et [f] • Les sons [œ] et [ø] • **Je lis, j'écris :** é(e)(s), er, es, et, ez = [e]	• La sécurité routière • **Atelier d'écriture :** Créer des slogans pour une campagne de communication	• Je fabrique une affiche sur la sécurité routière	• C. sociales et civiques • C. de base en sciences et technologies • Esprit d'initiative et d'entreprise

Stratégies pour mieux comprendre la grammaire

• Le son [ʀ] : [gʀ], [kʀ], [tʀ] • Les sons [s] et [z] • **Je lis, j'écris :** g(e), g(i), j = [ʒ]	• Fêtes traditionnelles en France • **Atelier d'écriture :** Rédiger une invitation à une fête	• Je participe à un concours de cuisine	• C. mathématiques et c. de base en sciences et technologies • C. numériques • C. sociales et civiques
• Les sons [ʃ] et [s] • Les sons [ʃ] et [ʒ] • **Je lis, j'écris :** c(e), c(i), ç, s, ss, t(i) = [s]	• Maisons insolites : yourte, conteneur, péniche… • **Atelier d'écriture :** Prendre rendez-vous	• J'imagine la chambre de mes rêves	• C. sociales et civiques • Sensibilité et expression culturelles

Stratégies pour mieux comprendre à l'écrit

• Les sons [aj] et [ɛj] • Les sons [y], [u] et [i] • **Je lis, j'écris :** ai, è, ê, e(ll), e(rr), e(tt), ei = [ɛ]	• Littérature et cinéma • **Atelier d'écriture :** Rédiger une fiche biographique sur un auteur	• Je participe à un spectacle poétique	• Sensibilité et expression culturelles • C. sociales et civiques
• Les sons [k] et [g] • Les sons [d] et [t] • **Je lis, j'écris :** gn = [ɲ]	• La France au superlatif : sites exceptionnels • **Atelier d'écriture :** Rédiger une fiche descriptive sur un animal	• Nous fabriquons le livre-souvenir de la classe	• C. mathématiques et c. de base en sciences et technologies • C. sociales et civiques • Esprit d'initiative et d'entreprise

Stratégies pour mieux s'exprimer à l'écrit

 Écouter   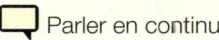 Parler en continu   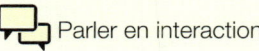 Parler en interaction    Écrire    Vidéo

Mode d'emploi

Page d'ouverture

Les objectifs communicatifs de l'unité

Découverte active et ludique du vocabulaire

Annonce de la tâche finale

Leçons 1 et 2 — J'écoute et je parle

Deux doubles pages dédiées à la communication orale.

- À gauche, on s'imprègne des actes de parole grâce à des activités simples et intuitives.
- À droite, on observe les mécanismes linguistiques, on analyse… et on s'entraîne !

Situation orale

Des documents illustrés pour contextualiser les phénomènes linguistiques

Présentation des contenus grammaticaux

Des activités pour comprendre les documents et systématiser les contenus

Virelangue illustré pour travailler la phonétique

Les principales expressions du dialogue à retenir

Des jeux pour favoriser la participation

Micro-tâche

Leçon 3
Je lis et je découvre

Différents types d'écrits centrés sur la réalité française ou francophone, dans une optique interculturelle.

6 séquences vidéo pour aller plus loin dans la découverte de la civilisation francophone

Des textes de typologies variées pour développer la production écrite

Des documents authentiques

Une activité de phonie-graphie

Je joue et je révise

Des activités ludiques et des chansons pour réviser

Des activités pour vérifier à l'oral que tout a bien été compris

Tâche finale

Mise en pratique des diverses compétences acquises.

Une tâche finale pour réutiliser les acquis de l'unité

Des étapes bien marquées

Vers le Delf A2
J'évalue mes compétences

Toutes les deux unités, une évaluation des quatre compétences.

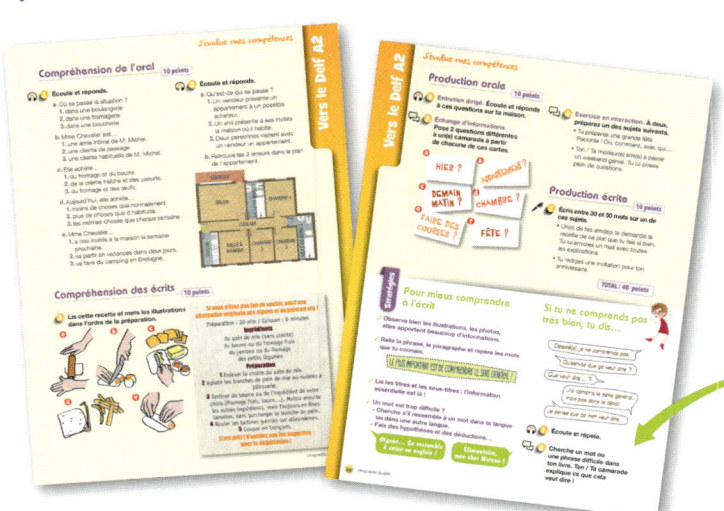

Des activités calquées sur les épreuves du Delf scolaire

Des stratégies pour « apprendre à apprendre »

cinq 5

Présentation

Dans ton livre, tu vas rencontrer…

Des ados de ton âge

Gabriel — Fang — Arthur — Jeanne — Margot — Thomas

Des personnages pour t'aider

Madame Réflexion…
Toujours là pour t'aider
à comprendre
et à apprendre !

« La grammaire, c'est facile ! »

Nico l'écolo…
Il donne plein de conseils
pour bien vivre
avec la planète…
et avec les autres !

« 100 % citoyen et bon copain ! »

Baptiste l'intrépide journaliste…
Prêt(e) à répondre en direct
aux interviews de Baptiste ?

« À toi le micro ! »

UNITÉ 0

voir p. 7

C'est la rentrée !

Dans cette unité, tu vas...

▶ Réactiver tes connaissances

▶ Décrire une scène : personnages, actions...

6 20 5
100 000

▶ Compter jusqu'à un million

▶ Parler de tes activités extrascolaires

▶ Communiquer en classe

1. Écoute et observe. *Vrai* ou *faux* ?

2. Observe les personnages et trouve le maximum d'actions différentes.

3. Combien de personnages portent un pantalon blanc ? une casquette rouge ? des lunettes de soleil ?

4. Écoute et observe. Qui est-ce ? Indique le numéro.

5. Il y a 10 nombres cachés dans le dessin. Trouve-les !

sept 7

voir p. 8-10

Des vitamines pour le cerveau !

1 Écoute le dialogue et réponds.

a. Comment est le sac de Thomas ?
b. Est-ce qu'il mange à la cantine ?
c. Est-ce que sa copine trouve normal qu'il transporte autant de choses ?
d. Quelle est la théorie de Thomas ?

Tu penses que Thomas a raison ?

2 Observe : quel est le sac de Thomas ?

3 JEU Qu'est-ce qu'il y a dans mon sac ?

- Dans mon sac, il y a 10 objets...
- Il y a... le livre de maths ?
- Oui !
- Il y a une trousse rouge ?
- Non ! Elle n'est pas rouge !
- Noire ?
- Oui !
- Il y a un porte-clés avec 2 clés ?

On compte jusqu'à un million !

4 Écoute. Quels prénoms tu entends ?

Marine MATHIEU Vincent Marion
ODILE Benoît Paul ALICE Suzette

5 Réécoute. Quels nombres tu entends ?

0 2 3 6 20 50 100
10 000 100 000 1 000 000

Pour compter	
1	un
10	dix
100	cent
1 000	mille
10 000	dix mille
100 000	cent mille
1 000 000	un million

6 Associe les prénoms et les nombres qui riment et chante.

☞ voir p. 11

Une rentrée... pleine d'activités ?

UNITÉ 0

a. Elle fait du vélo.

b. Ils font de la natation.

c. Ils font de la danse.

d. Elles jouent au basket.

e. Ils jouent du violon.

f. Elles font du judo.

g. Il joue de la guitare.

h. Ils font du théâtre.

i. Elle fait de l'informatique.

j. Ils jouent au foot.

🎧 **7** Écoute. De quelle photo il s'agit ?

🎧 **8** Écoute et observe les photos. Quelles activités sont citées ?

🎧 **9** Écoute et mime !

Et toi, qu'est-ce que tu fais comme activité ?

Pour parler de ses activités

FAIRE...
du piano	du volley	du dessin
de la flûte	de la voile	de la céramique
de l'accordéon	de l'escalade	de l'aquarelle
des percussions	des étirements	des puzzles

JOUER...
du piano	au volley
de la flûte	à la pétanque
de l'accordéon	à l'élastique
des percussions	aux échecs

Complète avec d'autres activités que tu connais.

En cours de français

1) Qu'est-ce qu'ils disent ? Pour le savoir, remets les mots dans le bon ordre.

2) Compare tes réponses avec tes camarades !

① Qu'est-ce veut « nuages » ? dire, que ça

② pas ! comprends ne Je

③ s'il pouvez Vous répéter, plaît ? vous

④ « cahier » ? on Comment écrit

⑤ à page ? quelle C'est

⑥ s'il Taisez-vous, vous Silence ! plaît !
le 50. Ouvrez à la livre page
tableau ? au Qui passer veut

⑦ cahier ! Je ne pas mon trouve

⑧ je aller peux Est-ce que aux toilettes ?

⑨ j'ai oublié Madame, livre ! mon

3) **JEU** Des oublis à la chaîne !

— J'ai oublié mon stylo...
— J'ai oublié mon stylo et ma trousse...
— J'ai oublié mon stylo, ma trousse et mon cahier...

UNITÉ 1

Qui se ressemble s'assemble

Dans cette unité, tu vas...

▶ Présenter et décrire des personnes et des animaux

▶ Exprimer des sensations

▶ Exprimer ce que tu veux et ce que tu peux faire

▶ Découvrir l'Union européenne

▶ Écrire une annonce

Tâche finale
▶ Je présente une personnalité

voir p. 13

1. Observe les photos, écoute et réponds.

Valentine — rousse, taches de rousseur, longs cils, couettes
Pierre — chauve, grand nez, grosses joues
Natacha — brune, frange, cheveux courts, lunettes, grosses lèvres
Sandrine — blonde, grain de beauté, cheveux longs et raides
Adrien — cheveux gris, sourcils épais, décoiffé, moustache, barbe
Théo — blond, cheveux frisés, menton pointu

2. L'une de ces personnes a amené son chien à un casting de cinéma. Écoute. De quel chien s'agit-il ?

CALINE — poil court et frisé

DOMINO — oreilles pointues, poil long

CARAMEL — longues oreilles, poil roux

ACHILLE — une tache, pattes courtes

DIVINE — long museau, longue queue

3. Retrouve à qui appartient chaque chien !

LEÇON 1 — Jeunes talents

J'écoute et je parle

 voir p. 14

Cette année, les gagnants du concours « Jeunes talents » s'appellent Poggy ! Un groupe de pop formé à Bruxelles par des artistes des 4 coins du monde… Et voici Tina, la chanteuse du groupe !

1 Observe le document. Poggy, qui est-ce ?

2 Écoute cette interview et réponds.
- Comment s'appelle la chanteuse ?
- Comment se sent-elle ?
- Quel âge a-t-elle ?
- Quelle est sa passion ?
- Est-elle seulement chanteuse ?
- Quelle est sa nationalité ?
- Où est-ce qu'elle habite ?
- Elle parle combien de langues ?

3 À deux. À partir des données de la fiche, faites l'interview d'Otto Hansen, le batteur du groupe.

Boîte à sons [ɑ̃] [ɔ̃] [ɛ̃]

Le savon au jasmin que met Manon tous les matins dans son bain est allemand ou marocain ?

Nom	Hansen	Prénom	Otto
Âge	23 ans	Né le	17 juillet
À	Stockholm, en Suède		
Nationalité	suédoise	Habite à	Bruxelles
Aime	la musique, le sport, son chien Max		
Langues parlées	le suédois, le français, l'anglais		
Signe particulier	un tatouage sur l'épaule droite		
Activité dans le groupe	batterie		
Petite amie	oui, Caroline, 24 ans, belge		

Mémorise les bulles bleues. C'est utile pour s'informer sur l'identité de quelqu'un !

☞ voir p. 15-16

Photos du concert

a. Come on... Viens dans mon univers ! Tina

b. Livlig musik ! Kyssar Otto

c. Всего наилучшего, Dasha

d. Merci de nous écouter ! Greg

e. Pump up the volume ! Love, Jasmine

J'observe et j'analyse

Pour indiquer la nationalité et le pays

QUELQUES NATIONALITÉS

Il est...	Elle est...
français	française
suédois	suédoise
marocain	marocaine
américain	américaine
italien	italienne
brésilien	brésilienne
russe	russe
suisse	suisse

🎧 16 Écoute et explique les différences à l'oral et à l'écrit.

VILLES ET PAYS

à Oslo	en Suède
à Milan	en Italie
à São Paulo	au Brésil
à New York	aux États-Unis

Quelle(s) préposition(s) on utilise devant une ville ? Et devant un pays ?

💬 **4** Décris physiquement un des membres de Poggy. Tes camarades devinent de qui il s'agit.

🎧 14 **5** Observe les dédicaces, puis écoute. Quelle est la nationalité de chaque artiste ?

français(e) • suisse • espagnol(e) • belge • canadien(ne) • brésilien(ne) • américain(e) • anglais(e) • mexicain(e) • suédois(e) • russe

🎧 15 **6** Écoute et réponds. Qui est né... ?

À toi !

💬 **Je décris une célébrité**

Choisis un personnage connu. Les autres devinent.

> Elle a ... ans. Elle habite à... Sa passion... Elle adore... Ses cheveux...

> C'est... Elle est...

LEÇON 2 — Chez la vétérinaire

J'écoute et je parle

voir p. 17

- Qu'est-ce qu'il a, le petit Hercule ?
- Il ne va pas bien du tout ! Il ne veut pas manger !
- Toi, Hercule ? Tu n'as pas faim ?
- Et il n'arrête pas de boire… Il a tout le temps soif…

Annie MAUX
VÉTÉRINAIRE
17 rue des Chats Perdus MOUTON
Tél : 07 42 24 30 00   annie.maux@veto.fr

- Il a de la fièvre ?
- Comme il a trop peur du thermomètre… Je ne sais pas !

🎧 17 ❶ Observe, écoute et réponds.
a. Hercule, qui est-ce ?
b. Il est en forme ?
c. Où il a mal, exactement ? Pourquoi ?
d. Il a quels autres symptômes ?
e. Quelle est la prescription de la vétérinaire ?

🎧 18 ❷ Écoute. Quelle est la phrase exacte dite dans le dialogue ?

- Tu as mal au ventre ?

Mémorise les bulles bleues. C'est utile **pour exprimer ce que tu ressens** !

- Oh ! Désolé, docteur… Il ne peut pas supporter le mot « régime »…

🎧 19 Boîte à sons [uj]

Rat**ouille**, la vieille gren**ouille**, saute et rit quand elle se m**ouille**.

À toi !
💬 Je décris une sensation

Tu emmènes ton animal de compagnie chez le / la vétérinaire. Joue la scène !

☛ voir 📖 p. 18

Parcours santé

UNITÉ 1

Aujourd'hui, c'est samedi, il y a beaucoup de monde qui s'entraîne... même Hercule !

Allez, viens ! Tu ne veux pas te mouiller ? Tu as encore mal à l'estomac ?

Je ne peux pas courir aujourd'hui, j'ai mal au genou !

Les pauvres, ils veulent jouer au foot mais ils ne peuvent pas, il y a trop de monde !

Vous avez mal à la gorge, monsieur ? Vous voulez un bonbon au miel ?

Nous ne pouvons pas nous concentrer ici ! Il y a trop de bruit !

Elle veut battre son record !

J'observe et j'analyse

Pour exprimer une douleur physique

AVOIR MAL AU / À LA / À L' / AUX

– J'ai mal à la tête…
– J'ai mal à la tête et j'ai mal au pied…
– J'ai mal à la tête, j'ai mal au pied et j'ai mal aux yeux…
– J'ai mal à la tête, j'ai mal au pied, j'ai mal aux yeux et j'ai mal à l'oreille…

Continuez ces phrases en chaîne !

Dans quel cas tu utilises chaque article ? Compare avec ta langue !

Pour exprimer le désir et la possibilité

LES VERBES VOULOIR ET POUVOIR

vouloir	pouvoir
Je veux	Je peux
Tu veux	Tu peux
Il / Elle / On veut	Il / Elle / On peut
Nous voulons	Nous pouvons
Vous voulez	Vous pouvez
Ils / Elles veulent	Ils / Elles peuvent

🎧 20/21 **À l'oral** Écoute et observe. Quelles personnes se prononcent de la même manière ?

③ Les bulles sont mal placées. Retrouve qui dit quoi !

④ Invente des bulles pour d'autres personnages.

💬 ⑤ **JEU** À deux. L'un mime, l'autre devine !

Tu as mal aux dents ? Tu ne peux pas parler ?

quinze **15**

LEÇON 3

Je lis et je découvre

Vive l'Union européenne !

L'Union européenne, créée il y a plus de 50 ans, est passée de 6 à 28 États membres.
Plus de 500 millions de personnes vivent dans ces 28 pays et on y parle 24 langues officielles.

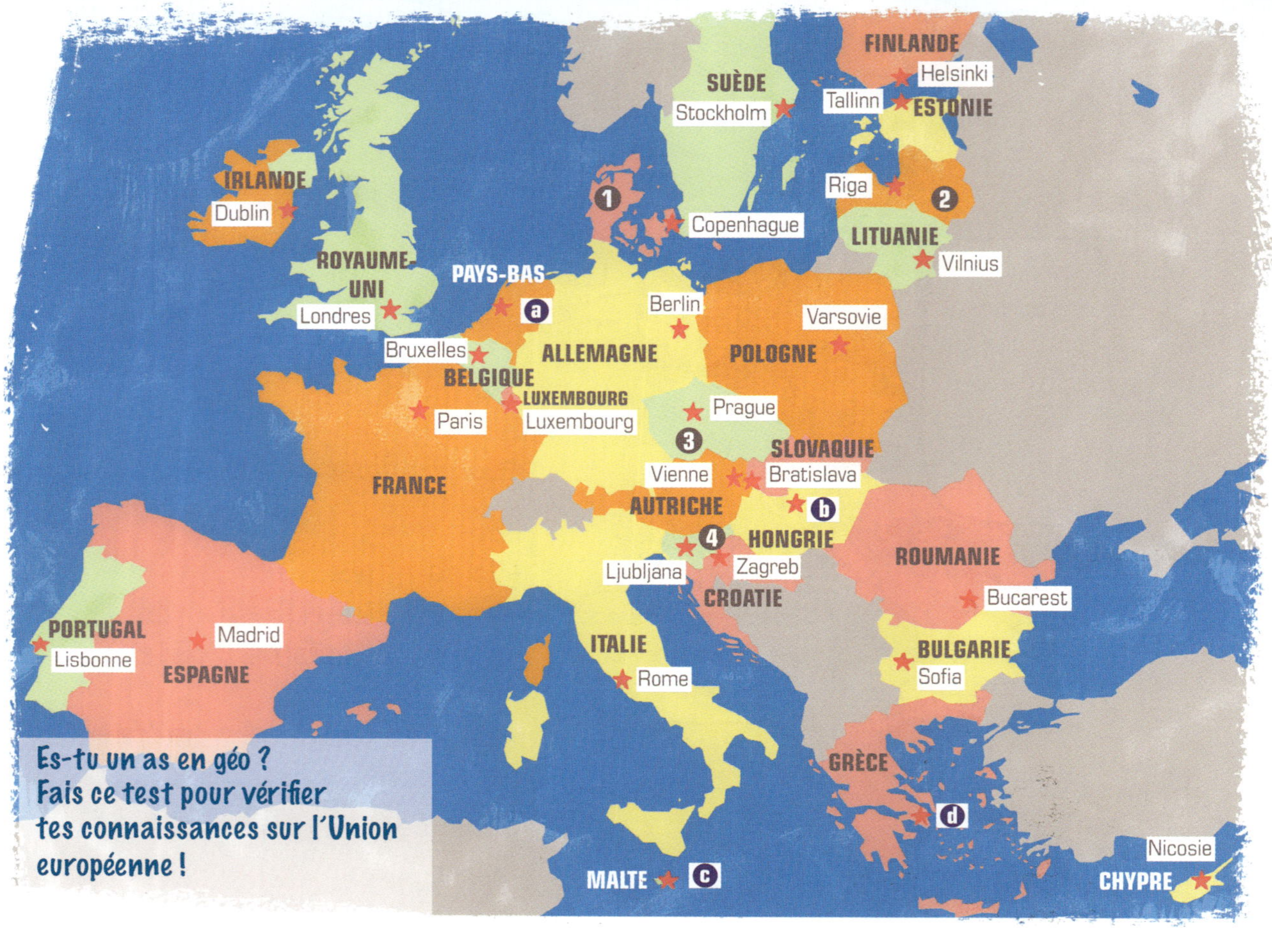

Es-tu un as en géo ?
Fais ce test pour vérifier
tes connaissances sur l'Union
européenne !

1 Les noms de ces 4 pays de l'Union européenne ont été effacés… Place-les sur la carte !

la République tchèque   le Danemark   la Slovénie   la Lettonie

2 À quels pays correspondent ces capitales ? Retrouve-les sur la carte !

Athènes

La Valette

Budapest

Amsterdam

3 Observe ces plaques. À quels pays elles correspondent ?

DK   E   P   GB   CZ   F   D   I   SLO   FIN

4 Observe la carte.
a. Quel est le pays le plus petit ?
b. Quel est le pays le plus grand ?
c. Quel pays a le plus grand nombre de frontières ?

16 seize

voir p. 19

5 Quels sont les symboles de l'UE ?

a Le drapeau

b La monnaie

c L'hymne
1. L'ode à la joie
2. L'hymne à l'amour
3. La Marseillaise

d La devise
1. « Un pour tous, tous pour un »
2. « Unie dans la diversité »
3. « Liberté, Égalité, Fraternité »

e La journée
1. Le 9 mai
2. Le 1er janvier
3. Le 1er mai

@ Par petits groupes, faites des recherches et préparez d'autres questions sur l'UE !

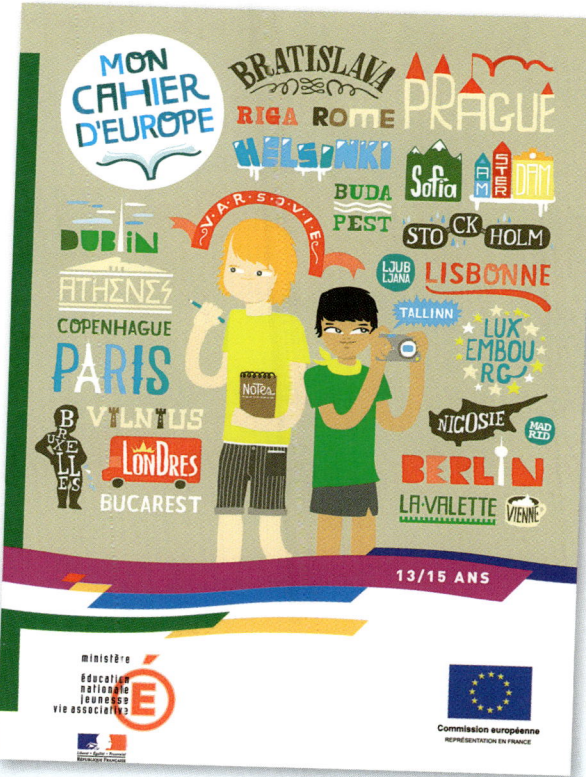

1 Quelles institutions publient ce cahier ? À qui est-il destiné ?

2 Certains noms de ville sont illustrés pour donner des indices sur ces lieux. Donne 5 exemples !

Atelier d'écriture — Écrire une annonce

CHAT À ADOPTER

Bambou
• CHATTE DE 2 ANS •

Je pars à l'étranger pour mes études et je ne peux pas prendre ma chatte avec moi. Elle s'appelle Bambou et elle est adorable !
C'est une petite chatte blanche très élégante avec des longs poils et des grands yeux verts. Très sociable, elle adore les câlins ! Elle peut vivre dans un appartement car elle est très tranquille. Elle est douce et aime beaucoup jouer avec les enfants.
Si vous voulez l'adopter, vous pouvez me contacter par mail (**clement.lantier@gmail.com**) ou par téléphone : **07 89 44 36 18**.
Un grand merci !

1 Lis cette annonce. Tu veux adopter Bambou ?

2 Quelles informations sur le chat donne cette annonce ?

3 À toi ! Écris une annonce pour faire adopter un animal !

Je lis, j'écris

Le son [ã] peut s'écrire **an** ou **en**.
Un gr**an**d apparte**m**ent.

Cherche dans l'annonce tous les mots avec ces graphies.

 voir p. 20

Au café de l'Europe

 Bilan oral

1. Il y a beaucoup de monde au café de l'Europe ! Choisis un personnage et décris-le.

   Décrire physiquement quelqu'un. ... / 5

2. Imagine sa vie et fais son portrait.

   Nom PRÉNOM ÂGE NATIONALITÉ
   PAYS D'ORIGINE Langues parlées
   HABITE... AIME... CARACTÈRE

   Donner des détails sur l'identité de quelqu'un. ... / 5

3. Une de ces personnes rentre d'un long voyage en Europe. Observe sa valise. Quels sont les pays visités ?

   Nommer différents pays d'Europe. ... / 6

4. Observe la scène et décris l'animal que tu préfères.

   Décrire un animal. ... / 4

5. Angélique ne se sent pas bien. Tu la vois sur l'illustration ? Tu t'inquiètes pour sa santé : tu lui poses 5 questions. Elle te répond.

   Décrire des sensations. ... / 5

6. Propose à Angélique de faire avec toi 5 activités pour être en forme.

   Exprimer ce qu'on veut et ce qu'on peut faire. ... / 5

7. Écoute et réponds aux questions de Baptiste, l'intrépide journaliste !

   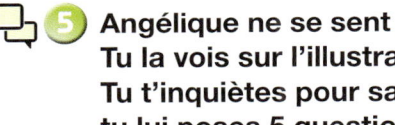

   Répondre à des questions personnelles. ... / 10

   SCORE TOTAL ... / 40

dix-neuf **19**

Je présente une personnalité

Tu vas présenter une personnalité que tu admires sans révéler son nom. Qui est-ce ? Un grand sportif ? une femme écrivain ? un acteur ? une chanteuse ? un homme politique ? une scientifique ? Tes camarades vont le découvrir grâce à tes indices !

1 Préparation

Choisis une personnalité et fais des recherches.

- Remplis sa fiche d'identité.
- Choisis une photo de lui ou d'elle. Pour rendre le jeu un peu plus compliqué, ajoute un « intrus », la photo d'une autre personnalité.
- Donne les photos à ton / ta professeur(e). Il / Elle les affichera sur un mur de la classe.

2 En classe

Lis la fiche de ta personnalité à haute voix. Attention ! Ne dis ni son nom ni son prénom !

- Tes camarades essayent de trouver la photo correspondante…
- Une fois trouvée la bonne photo, mets ta fiche à côté.
- La personne qui a trouvé de qui il s'agit continue le jeu et lit sa fiche.

Et ainsi de suite jusqu'à « marier » toutes les fiches avec les photos !

FICHE D'IDENTITÉ

- **Né le** 20 janvier 1978 à Trappes, en France (sa mère est mauritanienne, son père sénégalais).
- **Description physique :** cheveux très courts, yeux noirs.
- **Signes particuliers :** il est très grand (1,92 mètres !)
- **Langues parlées :** français, anglais et pular.
- **Profession :** acteur.
- **Aime :** la musique, le cinéma, la nature et la vie de famille.
- **Déteste :** parler de sa vie privée.
- **Pourquoi je l'admire :** il est très drôle et très émouvant. J'adore le film Intouchable.

TONY PARKER — J. K. ROWLING — OMAR SY — SHAKIRA — NELSON MANDELA — MARIE CURIE

UNITÉ 2

Au centre-ville

voir p. 21

Dans cette unité, tu vas...

▶ Indiquer un itinéraire

▶ Faire des propositions, accepter ou refuser

▶ Dire ce que tu vas faire

▶ Parler de sécurité routière

▶ Créer des slogans

Tâche finale

▶ Je fabrique une affiche sur la sécurité routière

1 Écoute, lis et indique le numéro.

grands magasins • marché • banque • musée • cinéma • théâtre • médiathèque • restaurant • pharmacie • hôpital • gare • hôtel • station de métro • arrêt de bus • feu rouge • boulevard • avenue • rue • place • trottoir • passage piéton • piste cyclable

2 Associe chaque image à un lieu.

3 Écoute. C'est quel endroit ?

vingt et un 21

LEÇON 1

J'écoute et je parle

voir p. 22

Allô, Cristal ?

Allô, Cristal ?
Ici le commissaire Moulin.

1 Écoute et réponds.
   a. Cristal, qui est-ce ?
   b. Pourquoi c'est une jeune fille spéciale ?
   c. Pourquoi le commissaire Moulin l'appelle ?

2 Écoute. *Vrai* ou *faux* ?

3 Comment se déplace le commissaire ?
Et Cristal ?

4 Le lieutenant Lefèvre est un peu distrait.
Il ne suit pas le bon chemin…

   a. Observe le plan et relis les indications
   du commissaire. Où est-ce qu'il se trompe ?

   b. Indique-lui comment retrouver
   le restaurant japonais.

Boîte à sons [b] [v] [f]

Un funambule bavard avec une balle et un foulard fait du vélo sur un fil au festival de la ville.

Mémorise la bulle bleue.
C'est utile pour indiquer un itinéraire !

☛ voir 📖 p. 23-24

Un étrange pouvoir

UNITÉ 2

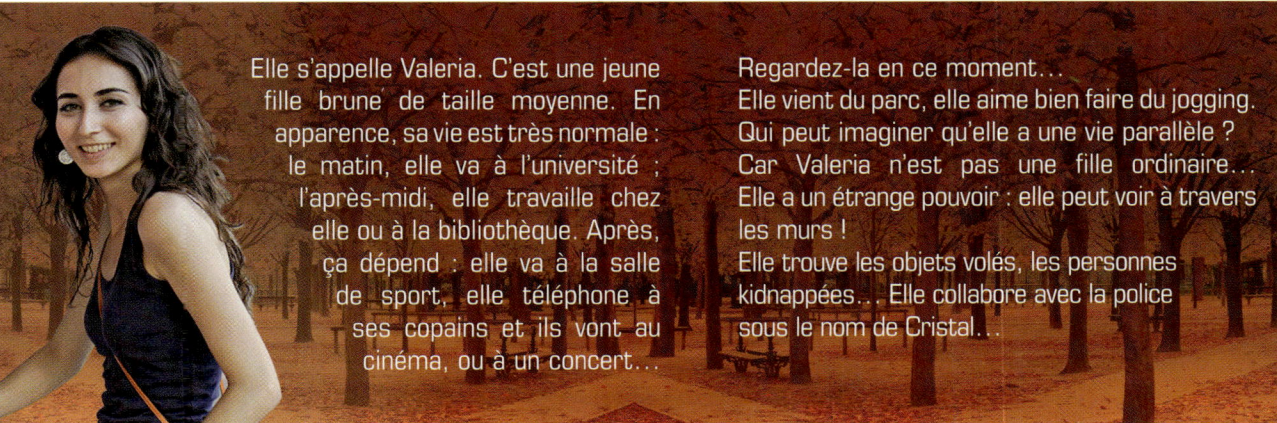

Elle s'appelle Valeria. C'est une jeune fille brune de taille moyenne. En apparence, sa vie est très normale : le matin, elle va à l'université ; l'après-midi, elle travaille chez elle ou à la bibliothèque. Après, ça dépend : elle va à la salle de sport, elle téléphone à ses copains et ils vont au cinéma, ou à un concert…

Regardez-la en ce moment…
Elle vient du parc, elle aime bien faire du jogging. Qui peut imaginer qu'elle a une vie parallèle ? Car Valeria n'est pas une fille ordinaire… Elle a un étrange pouvoir : elle peut voir à travers les murs !
Elle trouve les objets volés, les personnes kidnappées… Elle collabore avec la police sous le nom de Cristal…

 5 Écoute et lis.
  a. Qui est Valeria ?
     Qu'est-ce qu'elle fait d'habitude ?
  b. Et Cristal, qu'est-ce qu'elle peut faire ?

6 Ses copains ne connaissent pas son secret. Complète leurs questions et imagine les réponses de Valeria.

Salut Valeria ! D'où tu viens ?
Devinez…
Tu viens ▓ centre ville ?
Tu viens ▓ supermarché ?
Tu viens ▓ banque ?
Tu viens ▓ salle de sport ?
Tu viens ▓ université ?
En réalité, je viens ▓ rue des Camélias et ▓ restaurant japonais…

J'observe et j'analyse

Pour indiquer où on va

ALLER À

Je vais **au** centre-ville.
Tu vas **à l'**hôtel.
Elle va **à la** salle de sport.
Nous allons **à l'**université.
Vous allez **aux** toilettes.
Ils vont **aux** États-Unis.

Pour indiquer d'où on vient

VENIR DE

Je viens **du** cinéma.
Tu viens **de l'**hôpital.
On vient **de la** pharmacie.
Nous venons **de l'**opéra.
Vous venez **des** grands magasins.
Elles viennent **des** Alpes.

🎧 37 À l'oral Écoute. Quelles personnes du verbe « venir » se prononcent de la même manière ?

 Explique la combinaison des prépositions et des articles.

À toi !

💬 **J'indique un itinéraire**

À l'aide du plan de ta ville, indique à un(e) camarade de ta classe le chemin de chez toi au collège.

LEÇON 2 — Ça te dit ?

J'écoute et je parle

voir p. 25

— Dis, Justine, tu sais déjà ce que tu vas faire pour l'exposé de lundi, toi ?

— Non... **Si tu veux**, on peut travailler ensemble. **Ça te dit ?**

— **Ah oui ! Carrément !** Et je propose de commencer tout de suite ! **D'accord ?**

— **Pourquoi pas !** On va chez toi ?

— Ben... **Si ça ne t'ennuie pas, je préfère** aller chez toi... Il n'y a pas une très bonne ambiance à la maison, en ce moment...

— Qu'est-ce qui ne va pas ?

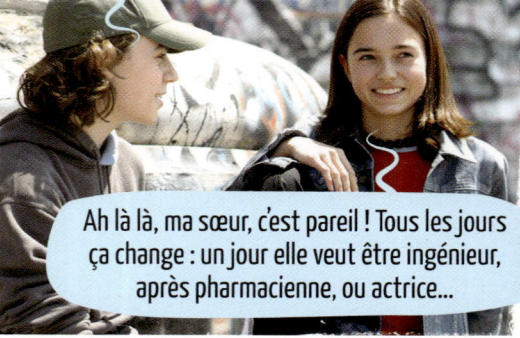

— C'est mon frère aîné, Fabrice. Il ne sait pas encore ce qu'il va faire plus tard, dans quelle fac il va s'inscrire, alors mes parents sont sur les nerfs...

— Ah là là, ma sœur, c'est pareil ! Tous les jours ça change : un jour elle veut être ingénieur, après pharmacienne, ou actrice...

— Et qu'est-ce qu'ils disent, tes parents ?

— Oh... Qu'on a le droit de se tromper... Et qu'on peut toujours changer d'avis !

— Oh là là, la chance ! Ils sont cool !

🎧 38 **1** Écoute et lis. Que vont faire Justine et Léo cet après-midi ? Où ? Pourquoi ?

🎧 39 **2** Écoute. *Vrai* ou *faux* ?

3 Imagine à quelles autres professions pense la sœur de Justine.

 A 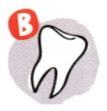 B  C  D  E F

🎧 40 **Boîte à sons** [œ] [ø]

Mathieu, le vieux tatoueur, tatoue, heureux, des fleurs et des cœurs de toutes les couleurs.

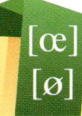

À toi !
💬 Je fais des propositions

Tu as l'après-midi de libre. Fais des propositions d'activités à tes copains. Ils acceptent ou ils refusent.

Mémorise les expressions en bleu. C'est utile pour faire des propositions, accepter ou refuser !

☛ voir p. 26

UNITÉ 2

On va faire un tour en ville !

a Et le ciné, ça te dit ? Idriss et Léa vont voir le dernier film de Christopher Nolan à 16 heures !

b Ok, ben alors, ciao Arthur ! Amuse-toi bien tout seul !

c Salut Arthur ! Tu veux venir avec nous ? On va faire un tour en ville !

d Eh, j'ai une idée : nous allons faire des crêpes chez moi ! Ça vous dit ?

e Bon, alors, je ne sais pas moi... On va finir notre tournoi de scrabble ?

1 Bof ! Tout le monde dit que c'est nul !

2 Marcher ? Oh non... On dit que ce n'est pas bon de marcher en plein soleil !

3 Des crêpes ? Ah non, merci ! Trop de sucre pour moi !

4 Oh non, trop intello ! J'ai mal à la tête d'avance !

J'observe et j'analyse

Pour parler d'un projet immédiat

LE FUTUR PROCHE

Je **vais** venir avec toi.
On **va** travailler à deux.
Nous **allons** faire un tour.
Tu **ne vas pas** jouer au scrabble.
Vous **n'allez pas** voir un film.
Ils **ne vont pas** sortir.

Relis les bulles et relève les verbes au futur proche.

> Comment on construit le futur proche ? C'est pareil dans ta langue ?

Pour parler en général

ON = TOUT LE MONDE

On a le droit de se tromper.
On dit que ce film est nul.

> « On » a une autre signification. Laquelle ? Cherche des exemples dans les bulles.

💬 **4** À deux, remettez en ordre cette conversation.
🎧 **5** Écoutez et comparez avec votre version.
💬 **6** **JEU** « Qu'est-ce que je vais faire, à cinq heures ? ». Mime une activité, tes camarades devinent !

LEÇON 3

Je lis et je découvre

LE VÉLO, C'EST

Pédaler, c'est économique, pratique, bon pour la santé et aussi très utile pour lutter contre le changement climatique. Et en plus, on sait que la marche et le vélo favorisent la concentration. Mais rouler à vélo comporte aussi des risques ! Pour ne pas se mettre en danger, il faut apprendre les bons réflexes.

b
GARDE TES DISTANCES À VÉLO OU TU VAS FINIR À L'HOSTO

a

POUR MA SÉCURITÉ JE ROULE BIEN ÉQUIPÉ

- **Je porte des bandes réfléchissantes** — Pour être bien visible
- **Je porte un casque** — Pour me protéger en cas de chute
- **J'ai un écarteur de danger** — Pour être doublé sans risque
- **J'ai une sonnette** — Pour être entendu
- **Je porte un gilet réfléchissant la nuit** — Et des vêtements clairs en général
- **J'ai de bons freins** — À l'avant et à l'arrière pour m'arrêter très vite si nécessaire
- **Mon vélo est à la bonne taille** — Adapté à mon âge
- **J'ai un bon éclairage et des dispositifs réfléchissants** — Pour voir et être vu
- **Mon vélo est en parfait état** — Je vérifie régulièrement la pression de mes pneus

académie Lille — direction des services départementaux de l'éducation nationale Nord — RÉPUBLIQUE FRANÇAISE — PRÉFET DU NORD — éducation nationale — MAIF PRÉVENTION — SÉCURITÉ ROUTIÈRE TOUS RESPONSABLES

c
LA ROUTE N'EST PAS SUR TON ÉCRAN
LÂCHE TON PORTABLE ET REGARDE DEVANT

1 Observe ces affiches.

a. Laquelle fait partie d'une campagne institutionnelle ? Lesquelles sont le résultat d'un concours au collège ?

b. Quels sont les accessoires obligatoires pour rouler en sécurité ?

← voir p. 27

ÉCOLO !

d

SANS LUMIÈRE, QUI TE VOIT LA NUIT ? MÊME PAS TON MEILLEUR AMI

Tu sais que le jaune est la couleur la plus visible de loin ? Cherche pourquoi !

2 Observe les affiches b, c et d. Quelles sont les règles à respecter quand on roule ?

3 Observe les slogans.
   a. Le langage utilisé est direct ? poétique ? humoristique ? dramatique ?
   b. Les slogans sont longs ou courts ? Simples ou compliqués ? Est-ce qu'ils riment ?

> Quelle est l'affiche que tu préfères ? Pourquoi ?

@ Par petits groupes, faites des recherches sur les campagnes de sécurité routière dans votre pays. Qu'en pensez-vous ? Elles sont utiles ?

UNITÉ 2

Atelier d'écriture
Créer des slogans pour une campagne de communication

- UTILISE LE PASSAGE PIÉTON !
- Ceinture attachée
- LA RUE N'EST PAS UN CARNAVAL !
- Fais attention !
- VIE PROTÉGÉE
- Pour dire au revoir...
- La rue n'est pas un jeu
- Conduite alcoolisée
- Et tu passes dans une autre dimension
- Ne descends pas du trottoir !
- Une seconde d'inattention...
- TU VEUX FINIR À L'HÔPITAL ?
- OUVRE LES YEUX
- Rendez-vous avec les pompiers

1 Forme des slogans qui riment en associant deux étiquettes.

2 À toi de faire des slogans. Ils peuvent rimer... ou pas !

Je lis, j'écris

Le son [e] peut s'écrire é(e)(s), er, es, et ou ez.
Les pompiers et les policiers sont arrivés chez moi.
Cherche dans les slogans tous les mots avec ces graphies.

Je m'amuse — Je joue et je révise

1. C'est pas compliqué !

 1 Chanson Écoute et observe. Par où faut-il passer pour arriver au musée ? Attention, il y a deux intrus !

2. Pour la fête de Jojo

*Pour la fête de Jojo
Tout finit par le son « o » !*

Je vais préparer un

Tu vas jouer du

Elle va danser le

Nous allons acheter des

Vous allez prendre des

Ils vont marcher comme des

Et tous, tous, tous, on va faire les *idiots* !

1 Lis et remplace chaque image par le mot correspondant.

 **2** Écoute et vérifie.

3 À deux, inventez une autre petite poésie sur le même modèle. Voici quelques idées de rimes.

Pour la fête de Marion, tout finit par le son « on » !

CHANSON CAMION ACCORDÉON JAMBON crayon SAUCISSON attention GARÇON violon BALLON DÉCORATION collection

Pour la fête de Jordi, tout finit par le son « i » !

SALAMI SOURIS FOURMI FINI ravioli ami JOLI BROCOLI compagnie énergie MAGIE aujourd'hui tant pis

Pour la fête de Juliette, tout finit par le son « ette » !

BAGUETTE coquette ARLETTE TOILETTES salopette chaussettes FÊTE TÊTE SQUELETTE MARIONNETTES JE REGRETTE

👁 voir 📖 p. 28

Grand cross au collège

Bilan oral

1 Lis le programme de la journée et réponds.
   a. Où ils vont à 9 h 30 ?
   b. Où ils vont après le repas ?
   c. D'où ils viennent à 10 h ?
   d. Et à 16 h ?

   Dire où l'on va, d'où l'on vient. …/8

> 09 h 00 : Rendez-vous au collège. Départ à 9 h 30.
> 10 h 00 : Arrivée au parc. Départ du cross à 10 h 45.
> 12 h 30 : Repas à la salle polyvalente.
> 16 h 00 : Remise des prix à la médiathèque.

2 Certains parents des participants sont venus directement de leur travail, sans se changer ! Quelle est leur profession ? Retrouve-les sur l'illustration.

   Nommer des professions. …/4

🎧 45 **3** Le grand-père de Vincent explique à un ami comment aller à la médiathèque, mais il se trompe ! Écoute et retrouve ses 4 erreurs en observant le plan.

   Comprendre un itinéraire. …/8

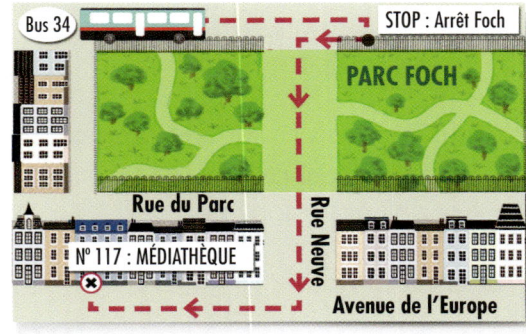

4 Explique au grand-père de Vincent le bon itinéraire !

   Indiquer un itinéraire. …/8

5 Après la remise des prix… Complète les bulles avec le futur proche.

- Bravo, Vincent ! On ★ fêter ça ce soir ! Tu es très fatigué ?
- Non, ça va… Et j'ai trop faim ! Je ★ manger une pizza géante !
- Mais mon chéri… Nous ★ dîner dans un restaurant japonais !
- Ah, génial ! Vous ★ m'apprendre à utiliser des baguettes !
- Si vous ★ manger japonais, moi, je ★ rentrer chez moi !

Parler d'un projet immédiat. …/12

SCORE TOTAL …/40

Tâche finale

Je fabrique une affiche sur la sécurité routière

1 Préparation

Par petits groupes, choisissez un thème.

- le vélo
- le skate
- le portable au volant
- la vitesse
- la ceinture de sécurité
- le casque
- les accidents
- les feux dans la ville

2 Réalisation

Inventez un slogan.
- Il doit être court, percutant. Jouez avec la langue, avec les rimes…
- Vous pouvez utiliser un des slogans créés pendant l'atelier d'écriture.

Choisissez ou créez une image.
- Photo, dessin, collage… Elle doit être frappante !

Et c'est parti !

N'oubliez pas !
Une bonne affiche est très simple, les mots lisibles et l'image parlante !

3 Exposition

Grand concours !
- Exposition des résultats dans la cour du collège. Tout le monde vote !

J'évalue mes compétences

Vers le Delf A2

Compréhension de l'oral **10 points**

1 Écoute et réponds.

Situation 1 : que cherche la dame ?
a. Un arrêt de bus.
b. Une église.
c. Un arrêt de taxi.

Situation 2 : que fait le train ?
a. Il va à Montpellier.
b. Il vient de Montpellier.
c. Il vient de Béziers.

Situation 3 : que va-t-elle faire samedi après-midi ?
a. Elle va rester chez elle pour travailler.
b. Elle va regarder la télé.
c. Elle va aller voir un film sous-titré.

2 Écoute cet extrait d'interview et réponds.

a. **Jukebox, c'est le nom…**
  1. d'une chanson.
  2. d'un groupe de musique.
  3. d'un groupe de danse hip hop.

b. **La musique de Jukebox se base sur…**
  1. des rythmes d'origines diverses.
  2. le jazz et le flamenco.
  3. le folklore italien.

Compréhension des écrits **10 points**

3 Lis cette annonce et réponds.

a. Lequel de ces chats est Jazzy ?

b. De quoi Jazzy peut avoir peur dans la rue ?

c. Si on trouve Jazzy, on peut…
  1. contacter les propriétaires par téléphone.
  2. contacter les propriétaires par mail.
  3. amener Jazzy rue Louis Blanc.
  4. appeler immédiatement la police.

d. Est-ce que Jazzy a retrouvé sa famille ?

SOS Urgent petit chat perdu *Retrouvé*

Nous recherchons le petit Jazzy depuis le vendredi 7 novembre. Il est gris tigré, de race européenne. Il a un an et trois mois. Il a une petite tache blanche sur le museau. Il est très affectueux et a très peur des voitures. Toute la famille est très inquiète.
Si vous l'apercevez, contactez-nous, s'il vous plaît, au :

06 75 88 84 11

Merci de votre attention

M. et Mme Beaufort
95 rue Louis Blanc
18000 Bourges

Merci

Vers le Delf A2

J'évalue mes compétences

Production orale
10 points

 4 Entretien dirigé. Écoute et réponds à ces questions pour te présenter.

 5 Échange d'informations. Pose 2 questions différentes à un(e) camarade à partir de chacune de ces cartes.

 **a** ADRESSE ?
 **b** ACTIVITÉS EXTRASCOLAIRES ?
 **c** ASPECT PHYSIQUE ?
 **d** PLACE DE LA RÉPUBLIQUE ?
 **e** ANIMAL DE COMPAGNIE ?
 **f** PROFESSION ?

 **6** Exercice en interaction. À deux, préparez un des sujets suivants.
- Tu invites un copain à une fête. D'abord, il refuse, mais finalement il accepte.
- Tu as un examen qui te stresse, un(e) ami(e) te demande ce que tu as. Tu racontes comment tu te sens.

Production écrite
10 points

 **7** Un(e) ami(e) t'invite à passer le week-end à la montagne. Tu lui réponds par mail (30 mots environ).

TOTAL / 40 points

Stratégies

Pour mieux comprendre la grammaire

✓ Observe bien les exemples de grammaire et essaie de tirer tes propres conclusions.

Euréka ! J'ai trouvé !

Ensuite, compare avec tes camarades !

✓ Remarque les différences entre l'oral et l'écrit.

grande / grand

✓ Consulte l'index grammatical de ton livre.

✓ Demande de l'aide à un(e) camarade !

Au secours ! Les pronoms attaquent !

Moi, toi, lui, elle, nous, vous, eux, elles

✓ Compare avec ta langue ou une autre langue que tu connais.

I want some chocolate. / *Je veux du chocolat.* / *Quiero chocolate.*

✓ Observe les phénomènes qui se répètent.

« s » pour le pluriel

✓ Garde ton sang froid !

Les règles de grammaire ne sont pas applicables à 100 % (même dans ta langue !)

Quand tu réfléchis sur la grammaire, tu dis...

- J'ai une question, pourquoi... ?
- S'il vous plaît, pouvez-vous m'expliquer comment fonctionne... ?
- Tiens ! Dans ma langue c'est différent / pareil !
- Ça y est, j'ai compris maintenant, ouf !
- C'est correct comme ça ?

 1 Écoute et répète.

 **2** Prépare 5 questions de grammaire. Tes camarades répondent !

UNITÉ 3

Les commerçants de mon quartier

Dans cette unité, tu vas...

▶ faire des courses

▶ Inviter quelqu'un, accepter ou refuser poliment une invitation

▶ Expliquer une recette de cuisine

▶ Découvrir les fêtes traditionnelles françaises

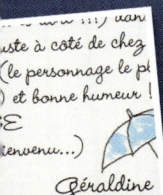
▶ Rédiger une invitation à une fête

Tâche finale

▶ Je participe à un concours de cuisine

voir 📖 p. 29

🎧 52/55 **1** Écoute et observe. Qu'est-ce qu'on achète dans ces magasins ? Attention, il y a des intrus !

🎧 56 **2** Écoute. Où peut-on entendre ces phrases ?

chez le charcutier / la charcutière • chez l'épicier / l'épicière • chez le boucher / la bouchère • chez le boulanger / la boulangère • chez le fromager / la fromagère

🎧 57/58 **3** **Chanson** Écoute. Tu reconnais les commerçants ?

trente-trois **33**

LEÇON 1 — On t'invite !

J'écoute et je parle

voir p. 30

🎧 **1** Écoute. De quoi parlent Thomas, Jeanne et Margot ?

🎧 **2** Réécoute et observe les vignettes. Trouve 4 erreurs dans les bulles.

❶ On colle des posters pour la fête des voisins de notre quartier !

❷ Samedi prochain, au parc des Platanes. On va faire un repas géant !

❸ Mes grands-parents ne sont pas là et je dois m'occuper de ma petite sœur...

❹ Oh, dommage... Surtout que notre voisine du troisième, avec qui on va faire une pizza pour la fête, c'est... Christelle !

❺ Bon, ben... pas de problème ! J'emmène ma sœur... avec votre permission, bien sûr !

3 Lis les bulles.
  a. Qui parle, Thomas ou une des jumelles ?
  b. Relis et imite les intonations.

- Si tu es libre, tu peux venir ! On t'invite !
- Une fête ? C'est cool, ça !
- On va faire un pique-nique géant !
- Tu ne peux pas venir ? Pourquoi ?
- Oh, dommage...
- Ah merci, c'est sympa !
- Mais au fait... c'est quel jour exactement ?
- Samedi prochain...
- Je regrette, mais ça ne va pas être possible...
- Je suis vraiment désolé...

🎧 60 **Boîte à sons** [gʀ] [kʀ] [tʀ]

Trois gros rats gris dans un trou rond croquent trois gros croûtons.

Mémorise les bulles bleues. C'est utile pour inviter quelqu'un, accepter ou refuser poliment une invitation !

À toi !

💬 **J'invite un(e) ami(e)**

Invite un(e) ami(e) à une activité. Il / Elle refuse, mais tu arrives à le / la convaincre.

● voir 📖 p. 31

Grande fête au collège

> Vive notre équipe ! Nos déguisements sont super, notre gâteau est génial et notre chanson, c'est le top !

Collège Jean Jaurès
8 h 30 - 17 h • Fête des 3ᵉ • Vendredi 24 juin

AU PROGRAMME
Par équipes de 7 à 10 élèves :

▸ Match de basket « All Stars », tous déguisés. Les vainqueurs affronteront une équipe de profs invincibles !
▸ Pique-nique géant à midi et son super buffet de gâteaux maison !
▸ « La Star Academy » ou une minute pour interpréter votre chanson favorite !
▸ Dance Party animée par un DJ avec une chorégraphie géante !

À vous de trouver vos partenaires ! En équipe, choisissez votre déguisement, votre gâteau et votre chanson !

👁 Toutes les équipes doivent remettre leur liste de participants à leur prof d'EPS au plus tard mardi 21 juin.

 4 Observe, écoute et choisis la bonne réponse.

 5 Écoute : quand pourrait-on entendre ces phrases ? pendant le match ? pendant le pique-nique ? pendant le spectacle ?

6 La télévision locale fait un reportage sur l'événement.

a. Complète les questions du journaliste et réponds.

- Cette fête a lieu tous les ans dans ★ collège ?
- Tous ★ profs vont participer au match ?
- ★ chanson, vous la chantez en anglais ou en français ?
- Quels sont les ingrédients de ★ gâteau ?
- Combien vous êtes dans ★ équipe ?

b. Complète les commentaires du journaliste !

- Les élèves de troisième jouent en ce moment la finale contre ★ profs. ★ déguisements sont hallucinants ! Bravo pour ★ imagination !

J'observe et j'analyse

Pour exprimer la possession

LE PLURIEL DES ADJECTIFS POSSESSIFS

Possesseurs	Un objet	Plusieurs objets
	**notre** gâteau	**nos** gâteaux
	votre sandwich	**vos** sandwichs
	leur photo	**leurs** photos

À l'oral Il y a une différence entre « leur » et « leurs » ? Trouve les équivalents dans ta langue.

> Quels sont les autres adjectifs possessifs que tu connais ?

LEÇON 2

J'écoute et je parle

👁 voir 📖 p. 32

Quelle mémoire !

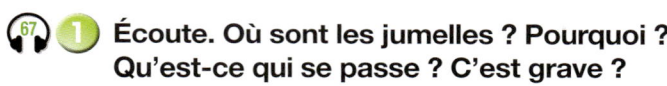
un litre de lait
un pot de crème fraîche
250 g de beurre
une petite boîte de chocolat en poudre
un kilo de farine
une demi-douzaine d'œufs
500 g de sucre
une barquette de fraises
une bouteille de jus de fruits
un paquet de chips

🎧 **1** Écoute. Où sont les jumelles ? Pourquoi ? Qu'est-ce qui se passe ? C'est grave ?

🎧 **2** Observe la liste, réécoute et réponds.
  a. Quels produits elles oublient d'acheter ?
  b. Quels produits elles achètent ? Ce sont les mêmes quantités que sur la liste ?

3 Lis ce que dit M. Tsouli, l'épicier, et retrouve les répliques de Jeanne et de Margot.
  a. Ça va, merci ! Qu'est-ce qu'il vous faut, aujourd'hui ?
  b. Mmm… **Plein de** bonnes choses alors ! Je vous écoute !
  c. D'accord ! Combien de litres ?
  d. Eh bien… Ça fait **beaucoup de** lait, ça ! C'est un gros gâteau, non ?
  e. La grande boîte ou la petite ?
  f. Voilà ! Et avec ça ?
  g. Un kilo ?
  h. Deux kilos ? Vous êtes sûres ?
  i. Et vous ne mettez pas **un peu de** yaourt dans votre gâteau ?
  j. Bon, bon. C'est tout ?

💬 **4** À deux, inventez un petit sketch dans une épicerie. N'oubliez pas les formules de politesse !

Bonjour ! — Je voudrais… — Merci !
Vous désirez ? — Bonne journée !

Mémorise les expressions en bleu. C'est utile pour indiquer la quantité !

🎧 68 **Boîte à sons** [s] [z]
Seize serpents se reposent dans un désert de sable rose.

➤ voir 📖 p. 33-34

Idées pique-nique

UNITÉ 3

Voici quelques idées gourmandes, appétissantes et savoureuses pour épater votre famille ou vos copains.

5 Observe.

a. Associe chaque étiquette à une photo.

Tortillas au guacamole et au poulet

Croissant à la salade de thon   **Petit pain végétarien**

b. D'après toi, quels sont les ingrédients de ces différentes formules ? Laquelle tu préfères ? Pourquoi ?

🎧 **6** Écoute ces consignes : elles correspondent à quelles photos ?

7 Pour lire la recette des mini-toasts, remplace les  par *le*, *la* ou *les*.

Recette : mini-toasts de fête

- Coupe le pain en tranches.
- Tartine les tranches avec du beurre.
- Coupe- en petits carrés.
- Coupe une tomate en rondelles.
- Mets les rondelles sur le pain.
- Coupe le fromage.
- Mets- sur une rondelle de tomate.
- Prends une olive noire.
- Pique- sur le fromage avec un cure-dents.

Attention ! Ne prépare pas les toasts trop tôt, sinon ils vont ramollir !

Place- tout de suite dans le frigo ou mange- sans tarder.

Bon appétit !

J'observe et j'analyse

Pour parler de quelque chose sans dire son nom

L'IMPÉRATIF ET LES PRONOMS COD

 Coupe le pain.
Coupe-**le**.
Ne **le** coupe pas.

 Mettez la tomate.
Mettez-**la**.
Ne **la** mettez pas.

 Piquons les olives.
Piquons-**les**.
Ne **les** piquons pas.

 Observe l'usage de ces pronoms. C'est pareil dans ta langue ?

🎧 Écoute. D'après toi, de quoi on parle ?

À toi !

🖊 **J'explique une recette de cuisine**

C'est toi le / la chef !
Invente d'autres formules de pique-nique.

N'oublie pas : un plat fait maison, c'est bien meilleur !

trente-sept **37**

LEÇON 3

Je lis et je découvre 📀

Jours de fête

• 6 JANVIER •
La galette des rois

C'est la fête des Rois Mages. Le plat traditionnel est la « galette des Rois ». À l'intérieur, il y a une fève… La personne qui trouve la fève est couronnée roi ou reine !

• 2 FÉVRIER •
La Chandeleur

C'est le jour des crêpes ! Les plus adroits font sauter les crêpes d'une main et tiennent une pièce de monnaie dans l'autre.
Ça porte chance !

• 1er AVRIL •
Poisson d'avril !

Attention aux farces ! Les enfants mettent des poissons en papier sur le dos des gens et ils disent « Poisson d'avril ! ». Il y a aussi des blagues dans les journaux, à la télévision, sur Internet… et même au collège !

• 1er MAI •
La Fête du travail… et du Muguet

C'est la fête du travail partout dans le monde mais en France, c'est aussi la fête du muguet. Tu peux offrir cette fleur à tes amis ou ta famille : ça porte bonheur.

• 8 MAI •
L'Armistice

Le 8 mai 1945, l'Allemagne capitule face à la France et aux puissances alliées. C'est la fin de la Seconde Guerre mondiale. Cette date est un jour férié en France et un jour de célébrations officielles.

• 21 JUIN •
La Fête de la Musique

Groupes amateurs et musiciens professionnels se retrouvent dans la rue pour faire de la musique, danser, chanter et profiter de la journée la plus longue de l'année.

• 14 JUILLET •
La Fête Nationale

Il y a des bals populaires dans les rues et des feux d'artifice. C'est pour célébrer la prise de la Bastille par le peuple parisien, le 14 juillet 1789 : cet événement est le symbole de la Révolution Française.

• 31 DÉCEMBRE •
Le Jour de l'An

Après les fêtes de Noël, très familiales, le dernier jour de l'année est réservé aux amis ! À minuit, tout le monde s'embrasse pour se souhaiter une bonne et heureuse année.

voir p. 35

1. Lis et associe une photo à chaque fête.
2. Y a-t-il les mêmes fêtes dans ton pays ?
3. À quelle fête…
   a. tu peux voir des feux d'artifice ?
   b. tu manges des crêpes ?
   c. tu embrasses tes amis à minuit ?

@ 4. Voici d'autres dates importantes pour l'humanité. Cherche des informations et présente une de ces journées.

- 8 mars — Journée internationale des femmes
- Journée mondiale du livre — 23 avril
- 21 septembre — Journée internationale de la paix
- 10 décembre — Journée internationale des droits de l'Homme

Dimanche 27 septembre 2015
Paris à pied !

De quoi s'agit-il ?
Quand a lieu cette journée ?

UNITÉ 3

Atelier d'écriture
Rédiger une invitation à une fête

Chère Gina,
Je t'invite à ma giga fête d'anniversaire !
Ce sera le jeudi 9 janvier (tu es libre !!!) dans le garage de ma grand-mère (juste à côté de chez moi).
Indispensable : déguisement (le personnage le plus original gagnera un cadeau) et bonne humeur !
Activités : SURPRISE
(Mais un parapluie sera le bienvenu…)
À jeudi
Géraldine

Bougeons-nous !
Le 28, je vous invite tous au stade du village !
Au programme, match de foot géant en combinaison et palmes. Ce sera génial !
Qui veut être le gardien de but ?
Georges
P.S. : Après, Jérôme apportera son immangeable gâteau au chocolat…

Vous êtes fans de nouvelle cuisine ?
Vous adorez manger des plats originaux ?
Vous n'avez pas peur de prendre des risques alimentaires ?
Je vous invite à un pique-nique sur la plage dimanche 12, à midi
Au menu : tout en « g »
Gigot en gelée
Julienne de légumes à l'orange
Gélatine de fruits rouges
Jus de gingembre

1. Lis ces invitations. À quelle fête voudrais-tu aller ?
2. Cherche une idée de fête originale et rédige une invitation pour tes amis.

Je lis, j'écris
Le son [ʒ] peut s'écrire *g(e)*, *g(i)* ou *j*.
Je vais faire une fête géante et très originale.
Cherche dans les invitations tous les mots avec ces graphies.

Je m'amuse — Je joue et je révise

Méga-fête chez Léo

1. Les bulles bleues ne sont pas à la bonne place ! Trouve qui dit quoi.

2. Qu'est-ce qu'ils disent ? Déchiffre les bulles blanches. Attention, le code est différent à chaque fois !

3. Lis ces indices et aide Georges, Gina, Gisèle, Julie et Jérôme à retrouver leur assiette.

Si dans l'assiette il y a…

des tortillas au jambon, c'est à Jérôme, Julie ou Gisèle.

un sandwich au saucisson, c'est à Georges, Gina ou Jérôme.

une tartine de pâté, c'est à Georges, Gisèle ou Julie.

de la salade de thon, c'est à Gina ou à Julie.

un morceau de roquefort, c'est à Gisèle ou à Georges.

Fête de famille

voir p. 36

Bilan oral

Marine, Olivier et Gigi sont très contents : ★ deux cousins Gilles et Jules, ★ oncle Jean et ★ tante Sylvie viennent passer le week-end dans ★ maison à la campagne. Et ils vont venir avec ★ chienne, Danae !

> Nous allons dormir avec ★ cousins ! Tous dans la même chambre, ça va être trop rigolo !

> Tu es sûre de ça ? ★ parents sont d'accord ?

> Les enfants, vite, finissez ★ devoirs et rangez ★ chambre ! ★ oncle, ★ tante et ★ cousins vont arriver dans une heure !

> Mais oui, Olivier... Regarde, maman a mis deux matelas dans ★ chambre... Mais il y a un petit problème... Est-ce que ★ chat Micha va s'entendre avec ★ chienne ?

1 Il faut tout préparer pour l'arrivée des cousins ce week-end ! Complète les bulles avec l'adjectif possessif qui convient.

Utiliser les adjectifs possessifs au pluriel. [... / 15]

2 Gigi et son père rangent les courses. De quels magasins viennent-ils ? Quels sont les produits achetés ? En quelles quantités ?

Nommer des magasins d'alimentation et des produits. [... / 10]

3 Samedi, on pique-nique ! Olivier donne des consignes à sa sœur pour faire des méga-sandwichs. Complète avec le pronom qui convient.

a. Prends une longue baguette et coupe-★ en deux moitiés.
b. Prends une moitié et tartine-★ avec de la mayonnaise.
c. Lave les tomates et coupe-★ en rondelles.
d. Lave la salade, mais ne ★ coupe pas, laisse les feuilles entières.
e. Prends le jambon et le fromage et place-★ sur la salade, ajoute des olives, puis referme la baguette. C'est prêt !

Expliquer une recette. [... / 5]

4 Écoute et réponds aux questions de Baptiste, l'intrépide journaliste !

Parler de l'organisation d'une fête. [... / 10]

SCORE TOTAL [... / 40]

quarante et un · 41

Tâche finale

Je participe à un concours de cuisine

Vous allez participer à un concours de cuisine ! Vous allez présenter devant un jury vos créations et le document filmé de votre recette.

1 Préparation

Formez des petits groupes…

Ensemble, choisissez une recette de canapé et faites la liste des ingrédients nécessaires.

2 À la maison

Préparez le scénario !

Vous allez filmer à la maison toute la réalisation de la recette. Mettez-vous d'accord sur le scénario !

Qui va être…
- le chef cuisinier ?
- le présentateur ?
- le caméraman ?

Rédigez la recette pas à pas et décidez qui va dire quoi devant la caméra.

Attention !
Le film doit durer 2 minutes maximum. Tout doit être préparé à la perfection !

3 En classe

C'est le jour du concours !

- Présentez oralement votre recette et montrez votre mini-film.
- Tous les groupes sont passés devant le jury ? C'est le moment de la dégustation !

PRIX DE L'ORIGINALITÉ

PRIX DU MEILLEUR GOÛT

PRIX DU MEILLEUR CUISINIER

PRIX DE LA MEILLEURE PRÉSENTATION

UNITÉ 4

À la maison

Dans cette unité, tu vas...

▸ Parler de ta maison, ton appartement

▸ Parler de ta chambre, de ce qu'elle représente pour toi

▸ Raconter des événements passés

▸ Découvrir des maisons insolites

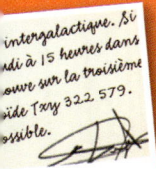

▸ Prendre rendez-vous

Tâche finale

▸ J'imagine la chambre de mes rêves

voir p. 37

1. lit
2. tapis
3. rideau
4. armoire
5. coussin
6. lampe
7. miroir
8. escalier
9. étagère
10. chaise
11. fauteuil
12. tiroir
13. bureau
14. canapé

CHAMBRE — COULOIR — CUISINE — SALLE DE BAINS — TOILETTES — SALLE À MANGER — SALON

1 Observe cette maison, écoute et réponds.

2 Écoute. C'est quel numéro ?

3 Écoute. *Vrai* ou *faux* ?

4 Écoute. Où on est ?

5 JEU Avez-vous bonne mémoire ? Fermez le livre et posez-vous des questions.

« Dans la salle à manger, il y a 4 ou 6 chaises ? »

LEÇON 1 — J'écoute et je parle

La chambre de Marie

☞ voir 📖 p. 38

Moi, ma chambre, **je l'adore**, elle n'a rien de spécial mais c'est MA chambre ! **Quand on entre**, on a le lit juste **en face**. **À droite** il y a mon armoire et un grand miroir, **à gauche** mon bureau et un petit meuble avec deux tiroirs. Je les ferme toujours à clé à cause de mon petit frère. J'ai collé des photos de ma famille sur le mur **à côté de** la fenêtre et plein de posters et de photos de mes copains **derrière** le lit. Dans ma chambre, je dessine, je lis, je danse, je rêve… et de temps en temps, je travaille !

🎧 76 **1** Écoute, lis et observe. Quels éléments cités par Marie ne sont pas visibles sur la photo ?

🎧 77 **2** Écoute et réponds : *vrai* ou *faux* ?

3 Complète la description de la chambre de Marie.

🎧 78 **4** Écoute et lis. Avec quelles phrases tu t'identifies ?

#toi-et-ta-chambre

🎧 79 **Boîte à sons** [ʃ] [s]

Qui se cache dans la chambre de Sacha ? C'est le chat Pacha !

 **Ma chambre, elle fait un peu bébé.** Mes parents ne me laissent pas afficher de posters.

 **Pour moi, c'est la plus belle** du monde entier !

Ma sœur ne peut pas entrer dans ma chambre, **c'est mon univers** privé, mon petit nid à moi.

Elle doit être très bien rangée !!! Je suis très maniaque !!!

Moi, **je dois partager** ma chambre avec mon frère mais **j'ai de la chance**, on s'entend bien !

Comme mes parents sont divorcés, j'ai deux chambres !

ELLE EST NULLE… IL N'Y A PAS DE PLACE !!!

💬 **Mémorise** les expressions en bleu. C'est utile **pour parler de ta chambre** !

À toi !

💬 Je parle de ma chambre

Décris ta chambre sur le modèle de Marie.

Charlotte adore jouer à cache-cache !

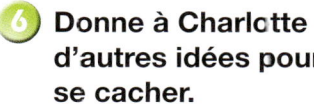

J'observe et j'analyse

Pour situer dans l'espace

LES PRÉPOSITIONS DE LIEU AVEC DE

À côté **de la** maison.
Près **de l'**arbre.
Au fond **du** jardin.
À gauche **du** chemin.
À droite **du** garage.
Loin **de la** maison.
En face **des** montagnes.
Au milieu **des** fleurs.

« De la » accompagne des noms féminins au singulier. Et « du » ? Dans quel cas on utilise « de l' » ? et « des » ?

5 Écoute et lis.

6 Donne à Charlotte d'autres idées pour se cacher.

7 Dictée graphique. Écoute et suis les consignes pour dessiner la maison de Charlotte et son jardin.

LEÇON 2 — Le dimanche d'Ernesto

J'écoute et je parle

voir p. 40

1. Ernesto est brésilien, il étudie à Paris. Il habite dans une petite chambre sous les toits.

2. Hier, dimanche, il est sorti de chez lui...

3. ... et il a pris le bus pour aller à la tour Eiffel.

4. Il est monté jusqu'au deuxième étage en ascenseur.
— Hyper rapide ! 2 mètres par seconde !

5. Il a admiré le panorama : la Seine, les bateaux-mouches...

6. Après, il est descendu par l'escalier !
— 359 marches ! Oh là là !

7. Il est entré dans une boutique de souvenirs...

8. ... et comme tout le monde, il a acheté un porte-clés !

9. Finalement, il est arrivé chez lui... à huit heures du soir !
— 359 marches et 8 kilomètres à pied... Pffff... C'est dur !

 **1** Écoute et lis.

 **2** Écoute : c'est quelle vignette ?

3 La petite amie d'Ernesto raconte cette journée à un copain. Écoute et corrige ses 4 erreurs.

— Il a pris l'ascenseur ?
— Non, il est monté à pied !

Boîte à sons [ʃ] [ʒ]

La **ch**anteuse al**g**érienne **Ch**ou**ch**ou ne **ch**ante **j**amais sans bi**j**oux.

Mémorise les expressions en bleu. C'est utile pour raconter des faits au passé !

UNITÉ 4

voir p. 41-42

Qu'est-ce que tu as fait hier... et avant-hier ?

→ PAOLA
→ CHARLIE
→ ROSE
→ MING

🎧 86 **4** Écoute et suis l'itinéraire pour trouver avec qui Emma est allée au cinéma hier.

💬 **5** Invente un itinéraire différent. Tes camarades devinent avec qui Emma est sortie.

À toi !
💬 Je raconte ce que j'ai fait hier

Raconte à un(e) camarade ce que tu as fait hier après-midi.

J'observe et j'analyse

Pour raconter au passé

FORMATION DU PASSÉ COMPOSÉ

DESSINER		MONTER	
J'	ai dessiné	Je	suis monté(e)
Tu	as dessiné	Tu	es monté(e)
Il / Elle	a dessiné	Il / Elle	est monté(e)
Nous	avons dessiné	Nous	sommes monté(e)s
Vous	avez dessiné	Vous	êtes monté(e)(s)
Ils / Elles	ont dessiné	Ils / Elles	sont monté(e)s

🎧 87-88 Écoute, lis et imite les intonations.

Quelles sont les différences entre ces deux verbes ? Explique la construction du passé composé !

VERBES QUI SE CONJUGUENT AVEC ÊTRE

sortir 	passer 	venir 	arriver 	descendre 	rester 
Je suis sorti...	Je suis passé par...	Je suis venu...	Je suis arrivé...	Je suis descendu...	Je suis resté...

naître
Il est né...

aller 	partir 	entrer 	monter 	tomber 
Je suis allé...	Je suis parti...	Je suis entré...	Je suis monté...	Je suis tombé...

mourir
Il est mort...

LEÇON 3

Je lis et je découvre

Maisons

Voici quelques logements atypiques adoptés, par choix ou par nécessité, par de plus en plus de Français.

Une yourte

Leur maison est ronde et importée de Mongolie. Coline, Sébastien et leurs deux enfants nous présentent leur yourte, près de Cahors, en pleine nature : « Bienvenue dans une maison écologique à 100 % ! Nous avons quitté nos murs en pierre pour des murs en toile, mais en gardant le même confort. Nous avons l'électricité, l'eau, le téléphone et Internet. Comme il n'y a pas de murs, il faut être très ordonnés pour pouvoir bien vivre ! »

Un conteneur

Au Havre, des conteneurs recyclés abritent des studios pour étudiants. Pour Oriane, étudiante en droit, c'est l'idéal : « Franchement, entre ce conteneur (27 m², une chambre, une kitchenette, une salle de bains-W.-C.) ou bien une chambre en cité U de 9 m² avec W.-C. et douches communes, ça a été facile de me décider ! »

Une péniche

Une barrière, une boîte aux lettres, une sonnette… c'est une maison presque comme les autres. À deux détails près : elle mesure 39 mètres de long et, surtout, elle se balance sur l'eau ! Jean-Paul, architecte, habite sur la Seine en plein centre de Paris, avec son fils de 15 ans. « Quand je rentre du travail et que je descends sur le quai, je change d'univers, je déconnecte totalement. Le soir, tard, la Seine ressemble à un lac. On entend le clapotis de l'eau, le chant des cygnes… »

insolites

→ voir p. 43

1. Observe les photos. Quelles informations elles t'apportent ?

2. Cherche ces mots dans le texte.

kitchenette **toile** **clapotis** **cité U** **quai** **salle de bains-W.-C.**

3. Retrouve la signification de chaque mot !
   a. Bruit de l'eau.
   b. Cité universitaire.
   c. Salle de bains avec toilettes.
   d. Mini-cuisine.
   e. Gros tissu résistant et imperméable.
   f. Plateforme pour monter ou descendre d'un bateau, d'un train…

@ Toutes ces personnes habitent dans un lieu hors du commun. Cherche d'autres types d'habitations originales !

LOCATIONS DE VACANCES

INSOLITE !   [Rechercher]

Cabane dans un arbre Brie-Les-Forêts
Cabane dans un arbre pour 2 personnes dans une propriété de charme, avec terrasse. Idéal pour un couple.

Vue :	forêt
Cadre :	naturel, isolé
Exposition :	sud
Capacité :	2 personnes
Superficie :	16 m²
Installations intérieures :	1 chambre (1 lit double), 1 salle de douche, W.-C., salon
Région touristique :	Brie

[contacter le propriétaire]

- Où se situe cette habitation ?
- Il y a combien de pièces ?
- Combien de personnes peuvent y dormir ?

Atelier d'écriture — Prendre rendez-vous

UNITÉ 4

1. Salut Kobe,
Je te propose une promenade intergalactique. Si ça te convient, je t'attends jeudi à 15 heures dans la soucoupe volante qui se trouve sur la troisième planète, à gauche de l'astéroïde Txy 322 579. Réponds-moi le plus tôt possible.

2. Rendez-vous demain au coucher du soleil devant le premier menhir au fond de la forêt. J'ai une grosse moustache et un petit chien qui veut aussi te rencontrer.
Ton amoureux anonyme

3. Cher M. Lanorme
J'aimerais prendre rendez-vous avec vous pour terminer notre passionnante conversation sur les participes passés. Êtes-vous disponible samedi soir à 19 heures ? Je vous invite au restaurant « Le Plus-que-parfait », derrière la Bibliothèque Nationale.
J'attends votre réponse avec impatience.
Très amicalement

1. Lis et indique qui a écrit ces messages.
   a. Obélix
   b. kR le martien
   c. Nico l'écolo
   d. Madame Réflexion

2. Relève les expressions utiles pour prendre rendez-vous.

3. À partir d'un de ces modèles, prends rendez-vous avec quelqu'un.

Je lis, j'écris

Le son [s] peut s'écrire c(e), c(i), ç, s, ss ou t(i).
Si ça vous intéresse, participez à cette conversation !

Cherche dans les messages tous les mots avec ces graphies.

Je m'amuse — Je joue et je révise

1. Le jeu des différences

Observe et trouve les 7 différences. Explique.

2. La soucoupe de Kranago

Trouve où habite Kranago, le petit Martien.

> Chez moi, il y a deux chambres, un salon avec un grand canapé et une petite cuisine. Dans la cuisine, il y a une table et quatre chaises. Une des salles de bains est entre la cuisine et une des chambres.

voir p. 44

L'ordinateur volé

Émile est ingénieur à Bruxelles. Il travaille dur sur un dispositif ultra secret. Aujourd'hui, il est très fatigué quand il arrive chez lui. Il ouvre la porte… Oh là là, qu'est-ce qui s'est passé ? C'est un véritable désastre !

Bilan oral

1 Décris le désordre de son salon. Utilise : *à côté de, près de, à gauche de, à droite de, en face de, au milieu de, devant et derrière*.

Situer dans l'espace et décrire une pièce. … / 8

2 Émile ne trouve pas son ordinateur avec le plan de son prototype. Qui a fait ça ? Par où est entré le voleur ? Par où est-il passé ?

Décrire un appartement. … / 5

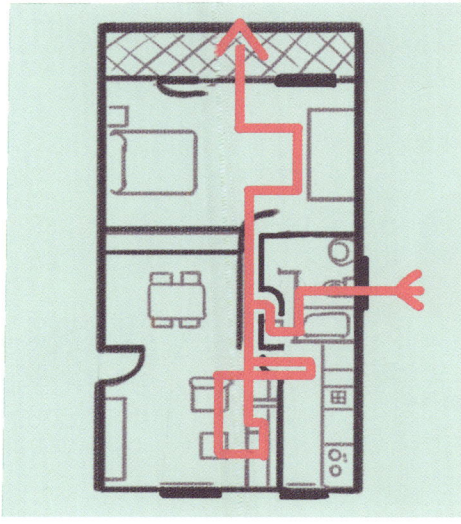

3 Émile raconte à sa voisine ce qui s'est passé. Complète.

Je suis sorti à 9 heures du matin comme d'habitude. ★ (prendre) le bus et ★ (aller) travailler. ★ (manger) dans un petit restaurant et ★ (rentrer) à pied à la maison. ★ (faire) des courses à l'épicerie du quartier. À 4 heures, ★ (arriver) chez moi et quand ★ (ouvrir) la porte… Voilà, ★ (trouver) ce désastre ! Après, ★ (découvrir) le vol de mon ordinateur… C'est incroyable !

Utiliser le passé composé avec les auxiliaires avoir ou être. … / 9

4 Qu'a fait Émile entre 12 et 16 heures ? Imagine des détails !

Raconter un événement au passé. … / 10

5 Écoute la suite de l'histoire, puis réponds : *vrai* ou *faux* ?

a. L'inspecteur Moulin a trouvé un voleur caché au milieu des arbres d'un jardin.
b. Émile, l'inspecteur et le voleur sont allés tous les trois au commissariat.
c. Émile a retrouvé son ordinateur.
d. Il va pouvoir continuer son travail.

Comprendre un petit récit au passé. … / 8

SCORE TOTAL … / 40

Tâche finale

J'imagine la chambre de mes rêves

Ouvre la porte et raconte…

1 Préparation

Comment est la chambre de tes rêves ?

- Est-elle carrée ? ronde ? rectangulaire ? en forme de L ?
- De quelle couleur sont les murs ?
- Il y a une fenêtre ? un balcon ? une terrasse ?

Qu'est-ce qu'il y a à l'intérieur ?

- Quels meubles ?
- Quels accessoires, quels éléments de décoration ?

2 Réalisation

Prépare la présentation de ta chambre !

- Tu peux la dessiner, découper des images, faire un collage, utiliser l'ordinateur… Soigne la présentation, cherche l'originalité, la créativité !
- Numérote les éléments les plus importants pour toi et rédige une petite légende qui explique ce qu'ils représentent pour toi.
- Entraîne-toi à l'oral, pour bien prononcer et connaître ton texte par cœur.

Maintenant, tu es prêt(e) pour présenter ta chambre au reste de la classe !

3 Mise en commun

Fabriquez ensemble le catalogue de toutes les chambres de vos rêves.

La chambre de mes rêves a…

1 un coin peinture pour dessiner, créer
2 une fenêtre à côté de mon lit pour regarder les étoiles la nuit
3 un bureau pour faire mes devoirs et une chaise ergonomique
4 une armoire pour mes fringues et mes accessoires (et pleine de tiroirs à secrets… Chut !!!)
5 un tableau noir pour noter des pense-bêtes et organiser mes idées
6 un fauteuil suspendu pour lire et rêver
7 une étagère mobile où placer mes livres préférés

J'évalue mes compétences

Vers le Delf A2

Compréhension de l'oral **10 points**

 1 Écoute et réponds.

a. Où se passe la situation ?
  1. dans une boulangerie
  2. dans une fromagerie
  3. dans une boucherie

b. Mme Chevalier est…
  1. une amie intime de M. Michel.
  2. une cliente de passage.
  3. une cliente habituelle de M. Michel.

c. Elle achète…
  1. du fromage et du beurre.
  2. de la crème fraîche et des yaourts.
  3. du fromage et des œufs.

d. Aujourd'hui, elle achète…
  1. moins de choses que normalement.
  2. plus de choses que d'habitude.
  3. les mêmes choses que chaque semaine.

e. Mme Chevalier…
  1. a des invités à la maison la semaine prochaine.
  2. va partir en vacances dans deux jours.
  3. va faire du camping en Bretagne.

  2 Écoute et réponds.

a. Qu'est-ce qui se passe ?
  1. Un vendeur présente un appartement à un possible acheteur.
  2. Un ami présente à ses invités la maison où il habite.
  3. Deux personnes visitent avec un vendeur un appartement.

b. Retrouve les 3 erreurs dans le plan de l'appartement.

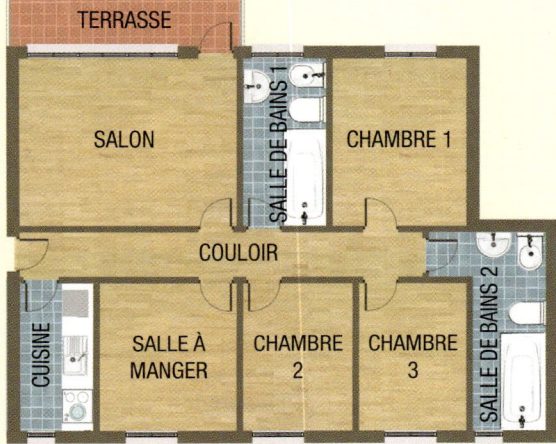

Compréhension des écrits **10 points**

 3 Lis cette recette et mets les illustrations dans l'ordre de la préparation.

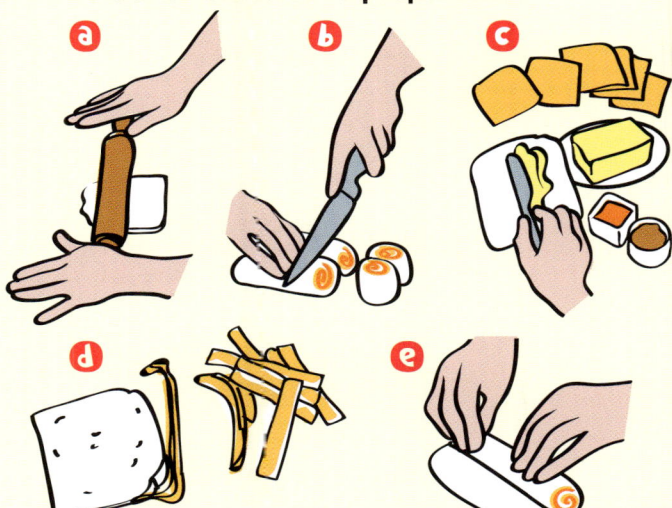

Si vous n'êtes pas fan de sushis, voici une alternative originale aux algues et au poisson cru !

Préparation : 20 min / Cuisson : 0 minutes

Ingrédients
du pain de mie (sans croûte)
du beurre ou du fromage frais
du jambon ou du fromage
des petits légumes

Préparation
1 Enlever la croûte du pain de mie.
2 Aplatir les tranches de pain de mie au rouleau à pâtisserie.
3 Tartiner de beurre ou de l'ingrédient de votre choix (fromage frais, sauce…). Mettre ensuite les autres ingrédients, mais toujours en fines lamelles, sans surcharger la tranche de pain.
4 Rouler les tartines garnies sur elles-mêmes.
5 Couper en tronçons.

C'est prêt ! N'oubliez pas les baguettes pour la dégustation !

Vers le Delf A2

J'évalue mes compétences

Production orale — 10 points

 4 Entretien dirigé. Écoute et réponds à ces questions sur ta maison.

 5 Échange d'informations. Pose 2 questions différentes à un(e) camarade à partir de chacune de ces cartes.

a. HIER ?
b. APPARTEMENT ?
c. DEMAIN MATIN ?
d. CHAMBRE ?
e. FAIRE DES COURSES ?
f. FÊTE ?

 **6** Exercice en interaction. À deux, préparez un des sujets suivants.
- Tu prépares une grande fête. Raconte ! Où, comment, avec qui…
- Ton / Ta meilleur(e) ami(e) a passé un week-end génial. Tu lui poses plein de questions.

Production écrite — 10 points

 7 Écris entre 30 et 50 mots sur un de ces sujets.
- Un(e) de tes ami(e)s te demande la recette de ce plat que tu fais si bien. Tu lui envoies un mail avec toutes les explications.
- Tu rédiges une invitation pour ton anniversaire.

TOTAL / 40 points

Stratégies

Pour mieux comprendre à l'écrit

✓ Observe bien les illustrations, les photos, elles apportent beaucoup d'informations.

✓ Relis la phrase, le paragraphe et repère les mots que tu connais.

> LE PLUS IMPORTANT EST DE COMPRENDRE LE SENS GÉNÉRAL !

✓ Lis les titres et les sous-titres : l'information essentielle est là !

✓ Un mot est trop difficile ?
 – Cherche s'il ressemble à un mot dans ta langue ou dans une autre langue.
 – Fais des hypothèses et des déductions…

Oignon… Ça ressemble à onion en anglais !

Élémentaire, mon cher Watson !

Si tu ne comprends pas très bien, tu dis…

- Désolé(e), je ne comprends pas.
- Qu'est-ce que ça veut dire ?
- Que veut dire … ?
- J'ai compris le sens général, mais pas dans le détail.
- Je pense que ce mot veut dire…

 1 Écoute et répète.

 2 Cherche un mot ou une phrase difficile dans ton livre. Ton / Ta camarade explique ce que cela veut dire !

UNITÉ 5

voir p. 45

Agathe a des invités

Dans cette unité, tu vas…

Heu, oui, comme
partager une salac
Et ensuite ?

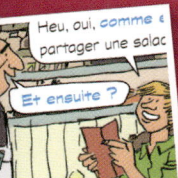

▸ faire une commande au restaurant

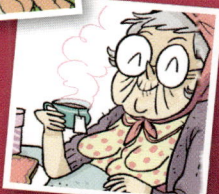

▸ Parler de tes habitudes et de ton alimentation

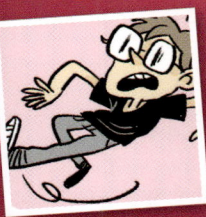

▸ Raconter des anecdotes au passé

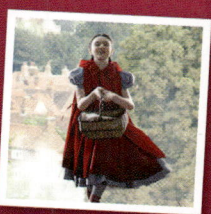

▸ Découvrir les liens entre la littérature et le cinéma

VERNE

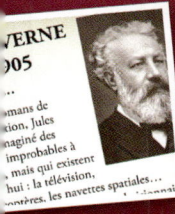

▸ Rédiger une fiche sur un auteur

Tâche finale

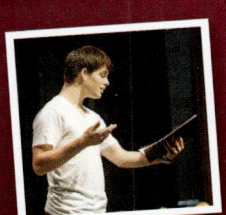

▸ Je participe à un spectacle poétique

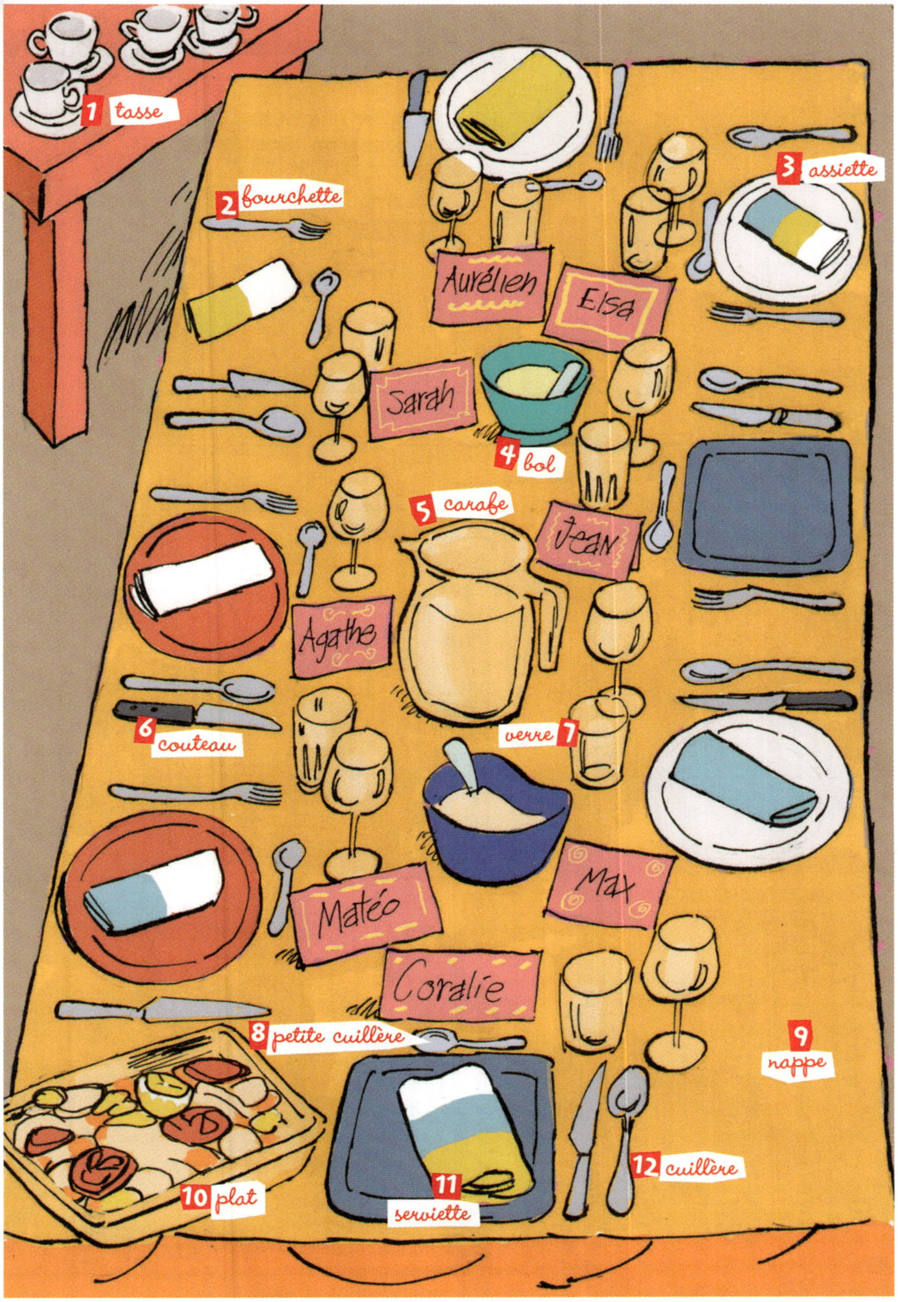
1 tasse
2 fourchette
3 assiette
4 bol
5 carafe
6 couteau
7 verre
8 petite cuillère
9 nappe
10 plat
11 serviette
12 cuillère
Aurélien
Elsa
Sarah
Jean
Agathe
Mateo
Max
Coralie

94 **1** **Agathe a invité des copains à dîner. Quelle jolie table ! Écoute et observe : c'est quel numéro ?**

2 **Agathe est un peu étourdie. Observe bien chaque place et indique ce qui manque. Pour quel invité elle n'a rien oublié ?**

3 JEU **Observe les serviettes : d'après toi, de quelle couleur est la serviette qui manque ?**

LEÇON 1 — On va partager !

J'écoute et je parle

 voir p. 46

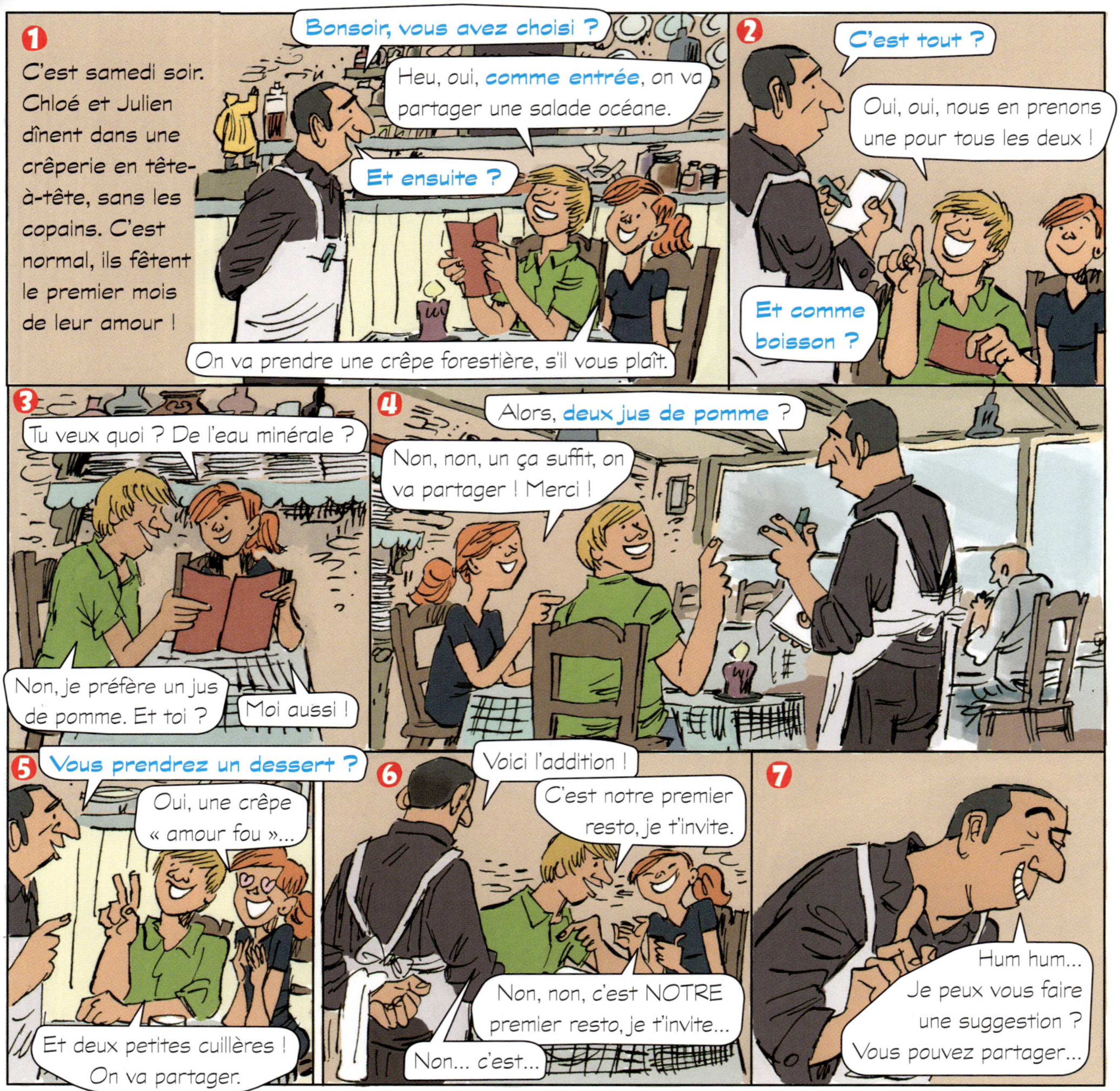

1. C'est samedi soir. Chloé et Julien dînent dans une crêperie en tête-à-tête, sans les copains. C'est normal, ils fêtent le premier mois de leur amour !

— Bonsoir, vous avez choisi ?
— Heu, oui, **comme entrée**, on va partager une salade océane.
— Et ensuite ?
— On va prendre une crêpe forestière, s'il vous plaît.

2.
— C'est tout ?
— Oui, oui, nous en prenons une pour tous les deux !
— Et comme boisson ?

3.
— Tu veux quoi ? De l'eau minérale ?
— Non, je préfère un jus de pomme. Et toi ?
— Moi aussi !

4.
— Alors, **deux jus de pomme** ?
— Non, non, un ça suffit, on va partager ! Merci !

5.
— Vous prendrez un dessert ?
— Oui, une crêpe « amour fou »...
— Et deux petites cuillères ! On va partager.

6.
— Voici l'addition !
— C'est notre premier resto, je t'invite.
— Non, non, c'est NOTRE premier resto, je t'invite...
— Non... c'est...

7.
— Hum hum... Je peux vous faire une suggestion ? Vous pouvez partager...

 **1** Écoute et lis la BD.
  a. Qu'est-ce que les deux jeunes commandent ?
  b. Pourquoi ils partagent tout ?
  c. Pourquoi c'est une occasion spéciale pour eux ?
  d. Propose un autre titre pour cette BD.

2 À trois, mémorisez le dialogue et jouez la scène.

Mémorise les expressions en bleu. C'est utile pour savoir commander dans un restaurant !

Boîte à sons [aj] [εj]

Mir**eille** l'ab**eille** trav**aille** sous le sol**eil**...
Aïe, aïe, aïe,
Mir**eille** b**aille** !
Aïe, aïe, aïe,
elle a somm**eil** !

Dis-moi ce que tu manges...

UNITÉ 5

voir p. 47

Madame Juliette a 100 ans. Comment fait-elle pour être en pleine forme ? Elle nous parle de ses habitudes alimentaires.

Des amandes et des noisettes,
Chaque jour, j'en mange sept.
De l'eau,
Je n'en bois pas trop.
Mais des tisanes et du thé,
J'en bois toute la journée.
Du pain,
J'en mange le matin.
Et des gâteaux et des sucreries,
Seulement le samedi.
Des lentilles,
J'en fais pour toute la famille.
Des légumes cuits,
Tous les soirs et à midi.
Des frites et de la pizza,
Seulement quelquefois.
Des pommes au four,
J'en mange tous les jours.
Et de la bonne humeur,
J'en consomme à toute heure !

 3 Écoute et lis.

 4 Écoute et réponds.

5 Écoute. De quoi on parle ?

6 Lecture collective. La moitié de la classe dit un vers, et l'autre moitié dit le suivant. Et toi, qu'est-ce que tu manges ?

À toi !

Je parle de mon alimentation

Qu'est-ce que tu manges ?

des pâtes **DES FRITES** **de la viande**
DU POISSON **des légumes**
des fruits **DES BISCUITS** **DE LA PIZZA**
DU RIZ **DU CHOCOLAT**
DU FROMAGE **de la soupe** **DU PAIN**
DE LA CHARCUTERIE **des bonbons**

— Tu manges de la salade ?
— Oui, j'en mange tous les jours, j'adore ça !
— Non, je n'en mange pas.
— J'en mange très peu, une ou deux fois par semaine.

J'observe et j'analyse

Pour remplacer une quantité non précisée

LE PRONOM EN

Du pain, j'en mange plein.
De l'eau, je n'en bois pas trop.
De la pizza, je n'en mange pas.
Des fruits, j'en mange tous les midis.

Observe. Le pronom « en » remplace quels mots ? Quels articles précèdent ces mots ?

Ce pronom existe-t-il dans ta langue ?

N'oublie pas, l'important, c'est de manger varié !

LEÇON 2 — Déjeuner du matin

J'écoute et je parle

voir p. 48

1 Écoute la première partie de ce poème de Jacques Prévert. Quels sont les mots et expressions qui se répètent le plus ?

2 Remets ces vignettes dans l'ordre du poème.

À toi !

 Je récite un poème

Lis, mémorise et récite ce poème.

> Il a mis le café
> Dans la tasse
> Il a mis le lait
> Dans la tasse de café
> Il a mis le sucre
> Dans le café au lait
> Avec la petite cuiller
> Il a tourné
> Il a bu le café au lait
> Et il a reposé la tasse
> Sans me parler...

« Déjeuner du matin » de Jacques Prévert, in *Paroles*
1945 © Éditions Gallimard

Boîte à sons [y] [u] [i]

Dans son petit lit
Luc oublie tous ses soucis
Il admire la lune et les nuages gris

Mémorise ou récite cet extrait de poème. C'est utile pour t'imprégner de la langue poétique !

☛ voir 📖 p. 49-50

Après le récital de poésie

Samedi dernier, toute la bande a participé au récital de poésie du collège. Il y a eu beaucoup de surprises et d'émotions. Qu'est-ce qu'ils ont aimé le plus ?

❶ Moi, j'ai bien aimé quand Fang a mis de la musique hip hop entre les strophes et qu'elle a dansé.

❷ Moi, j'ai eu envie de pleurer quand les jumelles ont récité leur poésie en écho... trop beau !!!

❸ Moi, j'ai eu très peur quand Thomas a crié au milieu de la poésie.

❹ Moi, j'ai piqué un fou rire quand Arthur a voulu sauter et qu'il a glissé ! Je suis désolée mais ça me fait rire quand quelqu'un tombe...

❺ Moi j'ai beaucoup ri quand Gabriel est arrivé sur scène en compagnie de son chien !

❻ Ouais, génial ! Le plus drôle, ça a été quand Gab a fini de réciter sa poésie et qu'Hercule a salué ! Et il a adoré quand nous avons tous applaudi !

3 Retrouve l'illustration correspondant à chaque anecdote.

🎧 **4** Écoute et réponds.

🎧 **5** Qu'est-ce qu'ils ont ressenti ? Écoute et corrige.

💬 **6** **JEU** Mimez ces actions en chaîne !

J'observe et j'analyse

Pour parler au passé

LE PARTICIPE PASSÉ

Terminaison en [e]
rent**r**er → je suis rent**r**é
regard**er** → j'ai regard**é**

Terminaison en [i]
part**ir** → je suis part**i**
met**tre** → j'ai m**is**

Terminaison en [y]
voul**oir** → j'ai voul**u**
b**oire** → j'ai b**u**

Cherche dans les bulles les participes passés des verbes *être, avoir, crier, arriver, finir, rire, mettre* et *vouloir*.

QUELQUES VERBES À RETENIR

Terminaison en [e]
être → j'ai été

Terminaison en [i]
dire → j'ai dit
écrire → j'ai écrit
prendre → j'ai pris
apprendre → j'ai appris
comprendre → j'ai compris

Terminaison en [y]
voir → j'ai vu
pouvoir → j'ai pu
perdre → j'ai perdu
avoir → j'ai eu

Observe les participes passés : ils sont classés selon leur terminaison orale. Il y a des différences à l'écrit ?

LEÇON 3

Je lis et je découvre

Parlons de

Voici quelques livres qui ont marqué la littérature française. Tu les connais ?

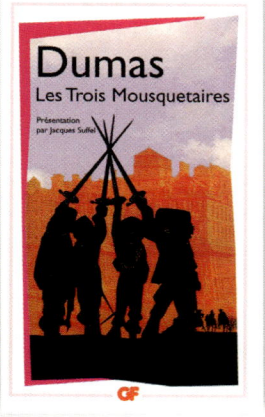

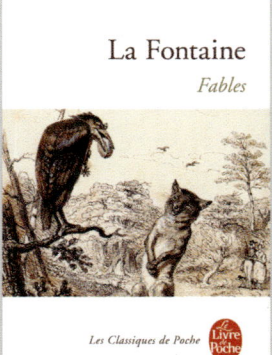

Observe ces couvertures.

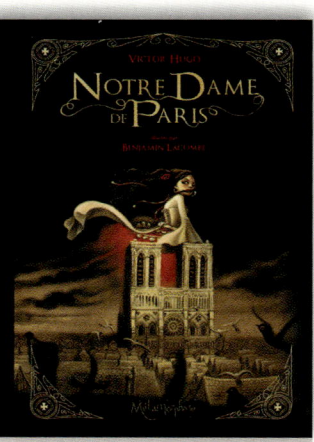

1 Lis ces petits résumés. À quels livres ils correspondent ?

a Phileas Fogg, gentleman anglais, est un homme ponctuel et méticuleux. Il parie 20 000 livres (la moitié de sa fortune) avec les membres de son club qu'il arrivera à faire le tour de la Terre en 80 jours. L'ensemble du roman mêle récit de voyage et données scientifiques.

b C'est un roman historique et d'aventure qui se déroule au Moyen Âge. Quasimodo, sonneur de cloches à l'aspect monstrueux, tombe amoureux de la gitane Esmeralda et la cache dans la cathédrale quand on l'accuse d'être une sorcière...

c Ce roman de cape et d'épée raconte les aventures du jeune d'Artagnan, venu à Paris pour faire partie des troupes de la Maison du roi Louis XIII. Il se lie d'amitié avec Athos, Porthos et Aramis. Ces quatre hommes vont s'opposer au premier ministre, le cardinal de Richelieu, pour sauver l'honneur de la reine de France Anne d'Autriche.

d Ces courtes histoires écrites en vers mettent en scène des animaux à l'apparence humaine. Elles contiennent toutes une morale, qui est dite au début ou à la fin de chaque texte.

e Cette petite fille est chargée par sa mère d'apporter à sa grand-mère une galette et un petit pot de beurre. En traversant la forêt, elle rencontre un loup...

f C'est un garçon aux cheveux d'or et au rire cristallin. Il habite sur une toute petite planète où il y a une seule rose, coquette et capricieuse. Il découvre que l'amour peut avoir des épines et décide de partir visiter les planètes voisines. De rencontre en rencontre, il arrive sur la Terre...

● voir 📖 p. 51

littérature

2 De quels livres sont tirées ces phrases ?

« Un Anglais ne plaisante jamais quand il s'agit d'une chose aussi importante qu'un pari. »

« Un pour tous, tous pour un ! »

« On ne voit bien qu'avec le cœur. L'essentiel est invisible pour les yeux. »

« Ma mère-grand, que vous avez de grandes oreilles ! C'est pour mieux écouter, mon enfant… »

3 La plupart de ces livres ont été adaptés au cinéma. Observe ces photos de films. De quelle œuvre s'agit-il ?

@ Cherche d'autres films adaptés d'œuvres littéraires françaises.

UNITÉ 5

Atelier d'écriture
Rédiger une fiche sur un auteur

JULES VERNE
1828-1905

IL A FAIT…

Dans ses romans de science-fiction, Jules Verne a imaginé des appareils improbables à l'époque, mais qui existent aujourd'hui : la télévision, les hélicoptères, les navettes spatiales… Éternel rêveur, il a été un grand visionnaire.

IL A ÉCRIT…

Cinq semaines en ballon, Le Tour du monde en 80 jours, Vingt mille lieues sous les mers, L'Île mystérieuse, Michel Strogoff, Les enfants du capitaine Grant, Voyage au centre de la Terre…

ON A DIT DE LUI…

C'est le poète de la science.

1 Lis cette fiche puis, livre fermé, reconstitue toutes les informations sur cet auteur.

2 Fais des recherches sur un de ces auteurs et rédige une petite fiche de présentation. Tu peux aussi présenter un de tes auteurs favoris !

Saint-Exupéry
Alexandre Dumas   *Victor Hugo*
Jean de La Fontaine   *Charles Perrault*

Je lis, j'écris

Le son [ɛ] peut s'écrire *ai*, *è*, *ê*, *e(ll)*, *e(rr)*, *e(tt)* ou *ei*.
Une b**e**lle nave**tt**e pour voler dans les **ai**rs ? Drôle d'app**ar**eil ! Je préf**è**re **ê**tre sur t**e**rre..

Cherche dans la fiche tous les mots avec ces graphies.

Je m'amuse — Je joue et je révise

1. J'ai envie...

🎧 Écoute et lis cette phrase longue, très longue, de plus en plus longue… Imite les intonations !

J'ai envie
J'ai très envie
J'ai très envie de préparer une tartine
J'ai très envie de préparer une grosse tartine
J'ai très envie de préparer une grosse tartine avec du beurre
J'ai très envie de préparer une grosse tartine, avec du beurre et de la confiture
J'ai très envie de préparer une grosse tartine, avec du beurre et de la confiture de fraises
J'ai très envie de préparer une très grosse tartine, avec du beurre et de la confiture de fraises
J'ai très, très envie de préparer une très, très grosse tartine avec du beurre et de la confiture de fraises rouges
J'ai très, très envie de préparer une très, très grosse tartine avec du beurre et de la confiture de fraises rouges…

2. Au jardin public

Devine ! De quoi on parle ?

a. Il y en a cinq.
b. Ils en portent tous les deux.
c. Il en mange une.
d. Il en a perdu un.
e. Il en veut une.
f. Elle en porte un rayé bleu et blanc.
g. Elle en dessine deux.
h. Il y en a un par terre, près d'un arbre.

☛ voir 📖 p. 52

Les 80 jours de Lucas Dufour

Bilan oral

Lucas Dufour est un grand voyageur et un admirateur de Jules Verne.
Il a décidé de faire le tour du monde en 80 jours !

1 Observe les vignettes et raconte les grands moments du voyage de Lucas Dufour.

Raconter des actions au passé. … / 10

2 Lucas est au restaurant. Le garçon propose un menu. Lucas répond et passe sa commande. Jouez la scène à deux.

Proposer un menu et passer une commande au restaurant. … / 10

3 Le restaurant est très original ! Décris la table.

Décrire une table mise. … / 5

4 À deux. Lucas te présente une amie végétarienne. Tu lui poses 5 questions sur ses habitudes alimentaires. Ton / Ta camarade répond.

Utiliser le pronom *en* pour parler d'alimentation. … / 10

5 Écoute et réponds aux questions de Baptiste, l'intrépide journaliste !

Parler de ses habitudes alimentaires. … / 5

SCORE TOTAL … / 40

Tâche finale

Je participe à un spectacle poétique

Vous allez organiser un spectacle poétique à partir du poème « Déjeuner du matin » de Jacques Prévert.
Vous allez imaginer une suite à ce poème, puis vous allez le lire ou le réciter devant un public afin de l'émouvoir, de le surprendre ou simplement pour partager le plaisir d'une lecture.

1 Préparation

Réfléchissez au texte…

- Imaginez une suite à ce poème (10 vers).
- Quelles phrases vous allez mettre en valeur ?
- Avec quelles techniques ?
- Qui va dire quoi ? Dans quel ordre ?

2 Mise en scène

Imaginez les mouvements, l'ambiance…

- Définissez la position et les déplacements de chacun. Allez-vous lire seuls ? en bloc ? éparpillés dans la salle ?
- Préparez un décor, des accessoires, des déguisements, la musique…

Et n'oubliez pas… Répétez, répétez, répétez, jusqu'à ce que le résultat soit parfait !

3 Spectacle

Le jour J, attention !

- Parlez fort.
- Soyez expressifs : soignez la diction, l'intonation.

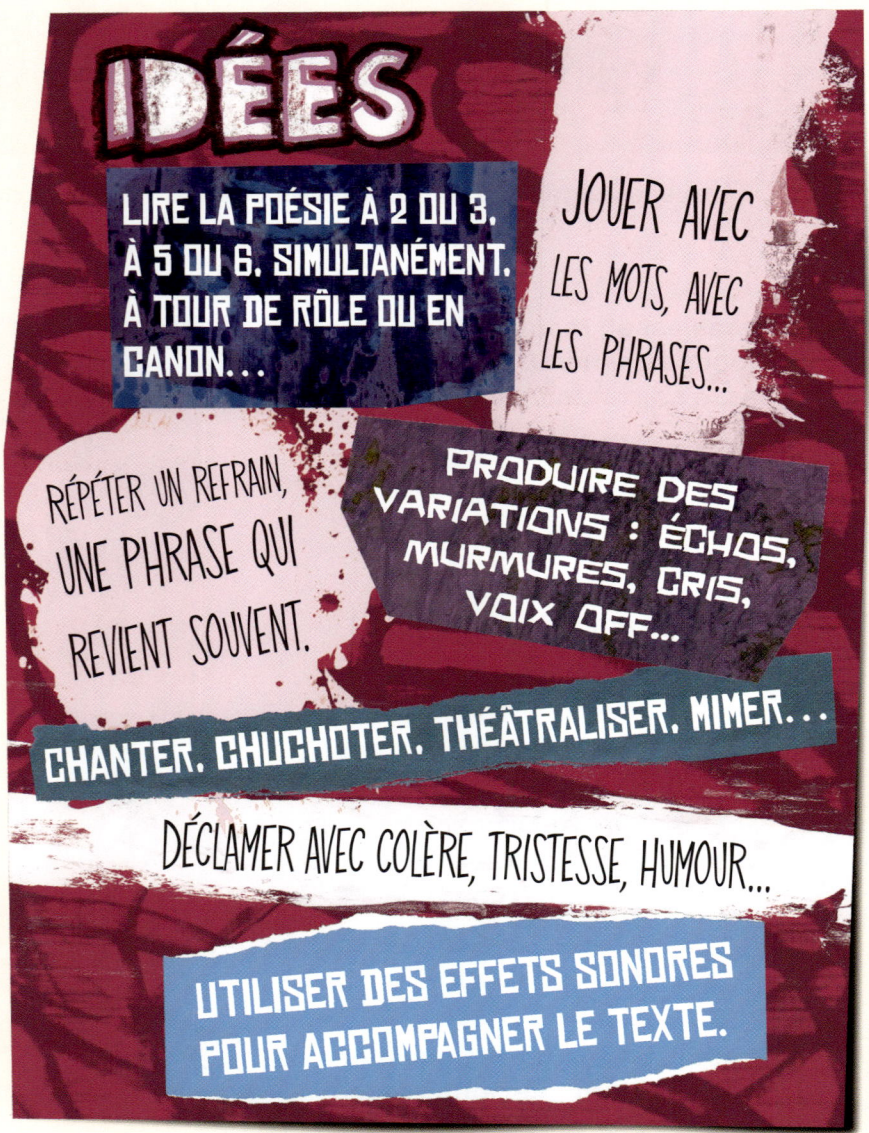

IDÉES

- LIRE LA POÉSIE À 2 OU 3, À 5 OU 6, SIMULTANÉMENT, À TOUR DE RÔLE OU EN CANON…
- JOUER AVEC LES MOTS, AVEC LES PHRASES…
- RÉPÉTER UN REFRAIN, UNE PHRASE QUI REVIENT SOUVENT.
- PRODUIRE DES VARIATIONS : ÉCHOS, MURMURES, CRIS, VOIX OFF…
- CHANTER, CHUCHOTER, THÉÂTRALISER, MIMER…
- DÉCLAMER AVEC COLÈRE, TRISTESSE, HUMOUR…
- UTILISER DES EFFETS SONORES POUR ACCOMPAGNER LE TEXTE.

UNITÉ 6

voir p. 53

Dans cette unité, tu vas...

▶ Parler des saisons et du temps qu'il fait

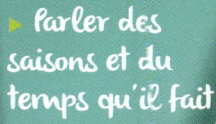

▶ Faire des comparaisons

▶ Parler de ta vie future

▶ Découvrir des sites français exceptionnels

▶ Rédiger une fiche sur un animal

Tâche finale

▶ Nous fabriquons le livre-souvenir de la classe

Les quatre saisons

1 Écoute. C'est quelle saison ?

L'HIVER   LE PRINTEMPS   L'ÉTÉ   L'AUTOMNE

2 Écoute et associe chaque phénomène à une ou plusieurs saison(s).

a. Il pleut.
b. Il neige.
c. Il y a des nuages.
d. Les feuilles tombent.
e. Il fait froid.
f. Le soleil brille.
g. Le vent souffle.
h. Il fait très chaud.
i. Les oiseaux chantent.
j. Il fait beau.

3 Décris le temps qu'il fait à chaque saison.
En été... *En* automne... *En* hiver... *Au* printemps...

4 D'après toi, quelle est leur saison préférée ?

soixante-cinq 65

LEÇON 1 — La géante de la savane

J'écoute et je parle

voir p. 54

Les girafes **habitent au centre et au sud de l'Afrique, dans la savane**, une région où il fait très, très chaud et où il ne pleut pas souvent.
C'est l'animal le plus haut de la terre : elle mesure entre 5 et 6 mètres ! Elle semble légère mais **elle pèse** entre 1 000 et 1 500 kilos. **Elle a** un cou très long qui mesure plus de 2 mètres ! **C'est un** cou **très spécial** : il a seulement 7 vertèbres cervicales. Comme le cou d'une souris !

UN ANIMAL SOCIABLE

Les girafes **vivent en troupeau**. Elles ont **la réputation d'être** timides parce qu'elles sont silencieuses. **Pour communiquer**, elles font des mouvements du cou et de la tête.

ATTENTION, DANGER !

Quand la girafe boit, elle écarte les jambes. C'est le moment que le lion choisit pour l'attaquer. **Pour se défendre**, elle lui donne des coups de sabot. **En cas de danger**, la girafe peut courir à une vitesse de 50 km/heure.

100 % VÉGÉTARIENNE

Les girafes sont **herbivores**. Elles ont une langue très longue (plus de 50 cm !) qui est très utile pour prendre les feuilles les plus hautes des acacias. Leur ration journalière ? Entre 55 et 65 kg. Pas mal, pour une svelte demoiselle !

QUEL CHOC !

Quand un girafon vient au monde, il tombe d'une hauteur d'1 mètre car sa mère reste debout pour accoucher. À ce moment-là, il mesure déjà 2 mètres et pèse 50 kilos.

1 Écoute et lis. Quelles particularités de la girafe te surprennent le plus ?

2 Comment est la girafe ? Écoute et réponds.

Mémorise les expressions en bleu. C'est utile pour décrire un animal !

Boîte à sons [k] [g]

La **c**onfiture de mangue de **K**arine a **g**agné au **C**ongo un **c**on**c**ours de **c**uisine.

Records de vitesse

La savane abrite de nombreux animaux, tous capables de se déplacer très rapidement.

- Le Zèbre 65 km/h
- La Hyène 65 km/h
- Le Lion 80 km/h
- Le Guépard 110 km/h
- L'Éléphant 50 km/h
- L'Autruche 72 km/h
- L'Hippopotame 30 km/h
- La Gazelle 80 km/h

3 Écoute et observe. *Vrai* ou *faux* ?

J'observe et j'analyse

Pour comparer

LE COMPARATIF DES ADJECTIFS ET DES ADVERBES

★ est — plus (+) / moins (-) / aussi (=) — rapide que ■.

★ court — plus (+) / moins (-) / aussi (=) — vite que ■.

Remplace ★ et ■ par le nom d'un animal.

LE SUPERLATIF

le plus fort	le moins fort
la plus forte	la moins forte
les plus forts	les moins forts
les plus fortes	les moins fortes

À toi !

💬 Je compare des animaux

Compare ces animaux avec un(e) camarade. Vous êtes d'accord ?

BEAU LAID agressif SYMPATHIQUE agile INTELLIGENT élégant DOUX PEUREUX paresseux MAJESTUEUX

« Pour moi, l'hippopotame est l'animal le plus paresseux ! »

« Ah non, pour moi, le plus paresseux, c'est le lion ! »

Certains de ces animaux sont en voie de disparition. Sais-tu lesquels ? Pourquoi ?

LEÇON 2 — Plus tard ou bientôt ?

J'écoute et je parle

 voir p. 56

1. **Observe ces vignettes. À ton avis, où cela se passe ? Quand ? Imagine ce que disent les personnages.**

2. **Écoute : c'est quelle vignette ?**

3. **Lis ces phrases. Lesquelles as-tu entendues ?**
   a. On arrive **tout de suite** !
   b. Ok, mais **dans un quart d'heure**.
   c. **Quand est-ce qu'**on ira chez mamie ?
   d. **Aux prochaines vacances** nous irons voir mamie…
   e. Non, je vais la prendre **un peu plus tard**.
   f. L'ingénieur robotique arrivera **lundi prochain**.

Mémorise les expressions en bleu. C'est utile **pour parler de tes projets futurs** !

Boîte à sons [d] [t]

Dis-donc, Didier, ta tatie a décidé de te donner ton goûter ?

voir p. 57-58

Dans le futur, tout sera possible ?

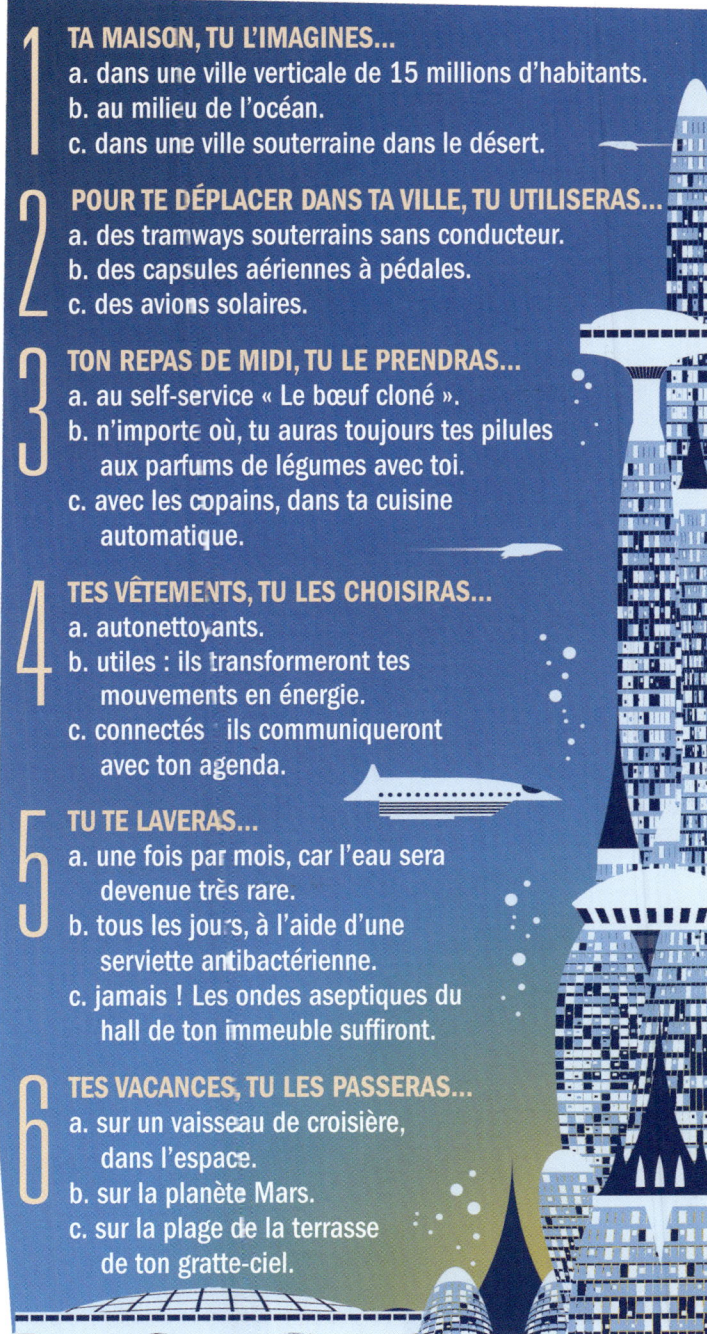

1 TA MAISON, TU L'IMAGINES...
a. dans une ville verticale de 15 millions d'habitants.
b. au milieu de l'océan.
c. dans une ville souterraine dans le désert.

2 POUR TE DÉPLACER DANS TA VILLE, TU UTILISERAS...
a. des tramways souterrains sans conducteur.
b. des capsules aériennes à pédales.
c. des avions solaires.

3 TON REPAS DE MIDI, TU LE PRENDRAS...
a. au self-service « Le bœuf cloné ».
b. n'importe où, tu auras toujours tes pilules aux parfums de légumes avec toi.
c. avec les copains, dans ta cuisine automatique.

4 TES VÊTEMENTS, TU LES CHOISIRAS...
a. autonettoyants.
b. utiles : ils transformeront tes mouvements en énergie.
c. connectés : ils communiqueront avec ton agenda.

5 TU TE LAVERAS...
a. une fois par mois, car l'eau sera devenue très rare.
b. tous les jours, à l'aide d'une serviette antibactérienne.
c. jamais ! Les ondes aseptiques du hall de ton immeuble suffiront.

6 TES VACANCES, TU LES PASSERAS...
a. sur un vaisseau de croisière, dans l'espace.
b. sur la planète Mars.
c. sur la plage de la terrasse de ton gratte-ciel.

J'observe et j'analyse

Pour parler de l'avenir

LE FUTUR SIMPLE

Je	montrer**ai**
Tu	servir**as**
Il / Elle / On	cherch**era**
Nous	parler**ons**
Vous	sortir**ez**
Ils / Elles	manger**ont**

🎧 131 Écoute et observe ces verbes, puis explique comment se forme le futur.

⚠ Quelques verbes irréguliers...
avoir → j'**aurai**   aller → j'**irai**
être → je **serai**   faire → je **ferai**

Relève dans le test tous les verbes au futur et indique leur infinitif.

Pour parler de quelque chose sans dire son nom

LES PRONOMS COD

Ta maison ?	Je **la** construirai dans l'eau.
Ton moyen de transport ?	Je **le** choisirai écologique.
L'eau ?	Je **l'**économiserai.
Tes repas ?	Je **les** préparerai seul.
Tes vacances ?	Je **les** passerai sur Mars.

Où se place le pronom COD ? C'est pareil dans ta langue ?

🎧 124 129 **4** Écoute et lis, puis réponds au test !

💬 **5** Interroge tes camarades et comparez vos réponses.

🎧 130 **6** Écoute et réponds avec un pronom COD.

À toi !

💬 J'imagine le futur

Discute de tes idées avec un(e) camarade.

LEÇON 3

Je lis et je découvre

Voici un tour d'horizon présentant des sites en France qui surprennent ou battent parfois des records !

La France au

Le Louvre, un des musées les plus importants du monde

Situé au cœur de Paris, c'est le musée le plus visité au monde. Parmi les pièces les plus célèbres du musée se trouvent *La Vénus de Milo*, *La Joconde* de Léonard de Vinci, et *La Liberté guidant le peuple* d'Eugène Delacroix.

Le tunnel sous la Manche : le plus long tunnel ferroviaire d'Europe

Creusé sous la mer à 40 mètres de profondeur, il a une longueur de 50,5 km ! Tous les jours, près de 400 trains circulent dans le « Shuttle ». Certains peuvent transporter des véhicules (voitures, bus ou camion) et assurent une liaison France-Angleterre en seulement 35 minutes.

Le viaduc de Millau : le pont le plus haut du monde

Construit par le célèbre architecte Norman Foster, il traverse la vallée du Tarn à près de 270 m de hauteur !

La dune du Pilat : la plus haute dune d'Europe

Située dans le sud-ouest de la France, elle contient environ 60 millions de m³ de sable. Son altitude varie constamment, de 100 à 117 mètres au-dessus du niveau de la mer.

Le Mont blanc : le plus haut sommet d'Europe occidentale

Situé entre la France et l'Italie, avec une altitude de 4 810 mètres, c'est le point culminant de la chaîne des Alpes.

Carcassonne : la plus grande cité médiévale d'Europe

Avec ses deux gigantesques remparts, ses 52 tours et ses 3 km de murailles, Carcassonne est la plus grande ville fortifiée d'Europe.

→ voir 📖 p. 59

superlatif

1. Lis ces informations. Quel est l'endroit que tu aimerais visiter ?

2. Des amis australiens te demandent des conseils. Réponds-leur !

a. On adore faire de l'alpinisme. Où peut-on aller ?

b. On a envie de voir *La Joconde*. Dans quelle ville doit-on aller ?

c. On trouve que le Moyen Âge est une époque passionnante. Quelle ville nous conseilles-tu de visiter ?

d. On part pour l'Angleterre à 15 h 15. On arrivera à quelle heure ?

Nos prix incluent **la voiture et jusqu'à 9 passagers.**

35 minutes pour traverser la Manche.

Jusqu'à **4 départs** par heure.

Pas de supplément **bagages** ou **carburant.**

Accès direct aux **autoroutes.**

▶ **Réservez**
Voyagez à partir de 32 €

© EUROTUNNEL

Lis ce document. À ton avis, quel est son titre ?
a. Avec le Shuttle, voyagez en sécurité !
b. 5 bonnes raisons de préférer Eurotunnel Le Shuttle
c. Le Royaume-Uni à portée de main

UNITÉ 6

Atelier d'écriture
Rédiger une fiche sur un animal

L'animal le plus rapide du monde : le guépard

Le guépard est un mammifère de la famille des félins. Sa fourrure est jaune avec des taches noires. Sa gorge et son ventre sont blancs. Il a une ligne noire de chaque côté des yeux.

CARTE D'IDENTITÉ
- **Taille :** 1,10-1,50 m de long.
- **Queue :** 60-80 cm.
- **Poids :** 35-70 kilos.
- **Espérance de vie :** 10-13 ans en liberté, 16-20 ans en captivité.
- **Vitesse maximale :** 110 km / h.
- **Habitat :** la savane, en Afrique.
- **Alimentation :** carnivore (gazelles, autruches, lièvres…).

POINTS FORTS
C'est l'animal terrestre le plus rapide du monde. Il est capable d'un sprint de 110 km / h sur une distance très courte. Sa longue queue lui permet de toujours garder l'équilibre. Il s'adapte très bien aux milieux arides car il peut rester une dizaine de jours sans boire.

POINTS FAIBLES
Quand il chasse, si sa proie arrive à s'éloigner, il abandonne. Il sait qu'il ne va pas gagner car il ne peut pas tenir sur de longues distances.

UNE ESPÈCE À PROTÉGER
Il reste environ 15 000 guépards en liberté. Cette espèce est menacée, et la chasse et le commerce sont interdits. Mais si les gouvernements ne soutiennent pas les campagnes pour la défense de cet animal, la disparition du guépard sauvage est programmée pour les années 2030.

1. Observe cette présentation du guépard. Dans quelle(s) partie(s) on parle de son aspect physique ? de son avenir ? de ses performances ? de ses difficultés ?

2. À toi ! Fais la description d'un animal sauvage en t'inspirant de ce modèle.

Je lis, j'écris

Le son [ɲ] s'écrit **gn**.
L'ours des Pyrénées est le sei**gn**eur des monta**gn**es.

Cherche dans la fiche tous les mots avec ces graphies.

Je m'amuse — Je joue et je révise

1. Qui est qui ?

Voici une photo d'Hugo avec son frère et ses cousins. Lis les indices et découvre qui est qui.

a. MARILOU A LES CHEVEUX AUSSI LONGS QUE SES SŒURS, MAIS ILS SONT PLUS FRISÉS.

b. Tom est plus grand que son frère et porte des lunettes.

c. Hugo est le plus petit.

d. Lucas est plus petit que ses trois sœurs.

e. ALINE EST LA PLUS VIEILLE DES COUSINES D'HUGO, MAIS CE N'EST PAS LA PLUS GRANDE.

f. Zoé a les cheveux raides.

2. Monsieur Météo

09:00 — Aujourd'hui, il fe●● un temps variable, typique de l'automne. Le soleil brill●●a en début de matinée mais ensuite il y aura du vent et une pluie très forte...

Pfff... Mais c'est impossible avec ce ●●●eil ! Il dit n'importe quoi, monsieur Météo !

10:00 — Il fait trop b●●● !

Oui, il fait même chaud !

11:00 — Tu as vu les nu●●●● ?

Oh, c'est pas grave !

12:00 — Pfff... C'est dur de pédaler contre le v●●● !

13:00 — Et voilà, il faut toujours écouter la m●●●● ! Temps hyper variable ! C'est l'au●●●●● !

L'automne ? Moi, je dirais : l'●●●er ! J'ai trop fr●●● !!!

1. Lis la BD et complète les mots effacés.

2. Écoute et vérifie. (132)

3. **Chanson** Écoute et chante ! (133-134)

voir p. 60

Sauvons les abeilles !

Bilan oral

Ce dimanche, Philippe et Sylvie participent à une grande manifestation à Lille.

1 Observe l'illustration. On est en quelle saison ? Décris le temps qu'il fait.

Dire la saison et décrire le temps qu'il fait. … / 5

2 Philippe et Sylvie seront aussi dimanche prochain à la manif de Paris. Fais-les parler !

- Nous (apporter) des pancartes.
- Les journalistes de Radio France (venir), ils (faire) des interviews.
- Il y (avoir) beaucoup de monde, nous (être) au moins 2 000 personnes !
- Nous (passer) aussi à la télé !

Parler au futur. … / 6

3 Observe l'illustration. De quoi on parle ?
a. On le voit briller dans le ciel.
b. Les manifestants les défendent.
c. Ils demandent de l'arrêter.
d. Elle la tient de la main droite.

Parler de quelque chose sans dire son nom. … / 4

4 Observe ces pancartes et choisis un animal. Décris-le : caractéristiques, environnement, comportement…

Décrire un animal. … / 10

ESPÈCES MENACÉES — LE TIGRE DU BENGALE — LE PANDA GÉANT — L'OURS DES PYRÉNÉES

5 Compare-les : *le(s) plus… le(s) moins… aussi…*
FRAGILE PARESSEUX FORT RAPIDE BEAU

Faire des comparaisons. … / 5

6 Après la manif… Écoute et réponds.
a. Pourquoi ils pensent qu'ils ont eu de la chance ?
b. Et aujourd'hui, c'est pareil ?
c. On est en quelle saison ?
d. Qu'est-ce qui se passe normalement ?
e. Que feront-ils, s'il pleut ?

Comprendre une conversation sur le temps. … / 10

SCORE TOTAL … / 40

Tâche finale

Nous fabriquons le livre-souvenir de la classe

Pour finir l'année en beauté, nous allons fabriquer ensemble le livre-souvenir de la classe.

Qu'est-ce qu'il y aura dans ce livre ?

Une sélection de vos plus beaux travaux, réalisés tout au long de l'année…

DES BD   DES DIALOGUES

DES PASTICHES

des illustrations de poèmes ou de textes

vos productions des ateliers d'écriture

VOS POSTERS DES TÂCHES FINALES

En fait, il contiendra vos chefs-d'œuvre !

On pourra aussi y trouver :

- un index avec le titre des productions et le nom des auteur(e)(s)
- des photos-souvenirs de la classe
- une page pour les signatures des auteur(e)(s)…

Avez-vous d'autres idées ?

Une fois tous les textes sélectionnés et imprimés, chacun d'entre vous personnalisera son livre-souvenir avec une couverture et des décorations originales.

Ce livre sera le miroir de votre personnalité et de votre créativité !

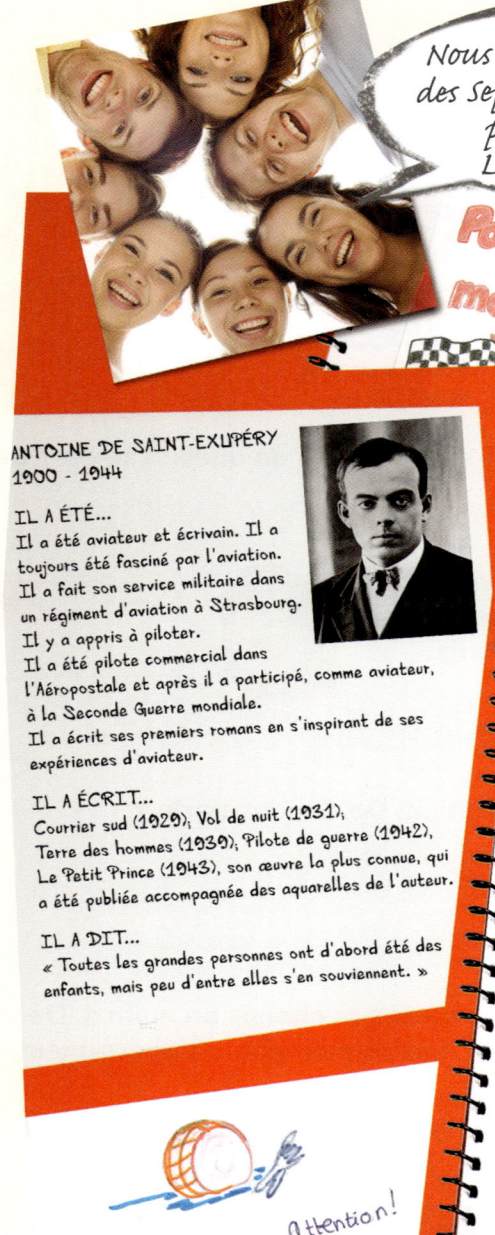

Astuce : vous pouvez aussi créer et publier votre livre-souvenir en ligne !

J'évalue mes compétences

Compréhension de l'oral — 10 points

  1 Écoute et associe chaque situation à une photo.

  2 Écoute et réponds.

a. Qu'est-ce qu'ils commandent ?
   1. 2 sandwichs et 2 cocas.
   2. 2 sandwichs et 2 jus de fruits.
   3. 2 pizzas et 2 cocas.

b. Le nom « sandwich » vient :
   1. du nom d'un duc hollandais du XVIe siècle.
   2. du nom d'un roi allemand du XVIIe siècle.
   3. du nom d'un comte anglais du XVIIe siècle.

c. Ce personnage mangeait des sandwichs tous les soirs pour…
   1. faire un repas équilibré.
   2. perdre du poids.
   3. pouvoir continuer à jouer aux cartes sans être obligé de s'arrêter.

Compréhension des écrits — 10 points

3 Lis ce document. *Vrai* ou *faux* ?

a. Le menu Filous est un menu exclusivement pour les enfants.
b. Ton petit cousin de 5 ans peut prendre ce menu.
c. Toi aussi tu peux choisir ce menu.
d. Dans ce menu il y a du poisson.
e. On peut prendre une entrée et un dessert.
f. On peut prendre un plat et un dessert.
g. Il y a autant de desserts que de plats.
h. On peut prendre du chocolat chaud.
i. Prendre une salade de fruits, c'est possible pour le même prix.
j. La boisson n'est pas incluse dans le prix.

Le menu FILOUS — Jusqu'à 5 ans
Plat + dessert OU Plat + boisson
5,50 €

Assiette de saucisson sec

Plat (au choix)
Une tranche de jambon à l'os
Poulet mariné au citron
Steak haché pur bœuf 130 g
Accompagnement : légumes à volonté !

Dessert (au choix)
Glace maison (vanille, chocolat ou fraise)
Yaourt nature au lait entier
Compote de poires

Boisson (au choix)
½ bouteille d'eau minérale
Jus de fruits
Soda

Changez de dessert avec un supplément de 1,50 €

Vers le Delf A2

J'évalue mes compétences

Production orale — 10 points

4 Entretien dirigé. Écoute et réponds à ces questions sur tes vacances.

5 Monologue suivi. Prépare un des sujets suivants pour le présenter devant la classe.

- Quel animal sauvage aimerais-tu protéger ? Décris-le (aspect physique, habitudes, particularités…) et explique les raisons de ton choix.

- Tu as passé un week-end horrible ! Raconte.

6 Exercice en interaction. À deux, préparez un des sujets suivants.

- Tu déjeunes dans un restaurant. Tu passes ta commande. Tu es un(e) client(e) très exigeant(e) !

- Tu discutes avec un(e) ami(e) des avantages et des inconvénients d'avoir un chien ou un chat à la maison.

Production écrite — 10 points

7 Écris entre 30 et 50 mots sur un de ces sujets.

- Tu postes un message à ton groupe de copains pour raconter un jour un peu difficile au collège.

- Tu invites un(e) ami(e) à partager une semaine de tes vacances. Explique-lui tes projets par mail.

TOTAL / 40 points

Stratégies

Pour mieux comprendre à l'écrit

Tu ne trouves pas les mots, les expressions ?
Tu ne sais pas construire des phrases ?
Tu fais beaucoup de fautes d'orthographe ?

ALORS…

✓ Copie ou recopie des petits textes **de ton livre**.
✓ Illustre et recopie **les mots difficiles**.
✓ Recopie les phrases et les mots **où tu as des fautes**.
✓ Fais **des auto-dictées**.
✓ Apprends des phrases simples **par cœur** et écris-les.

> Moi, je me dicte, je me corrige, et je me note…

> 10/10 ! Excellent !

Pour demander de l'aide, tu dis…

> Comment dit-on en français … ?

> Comment je peux dire cela d'une autre manière ?

> Ça s'écrit comment ?

> Pouvez-vous épeler ce mot, s'il vous plaît ?

> Je n'arrive pas à comprendre pourquoi il y a une erreur ici !

1 Écoute et répète.

2 Écris un mot en majuscule sur le dos d'un(e) camarade. Il / Elle devine !

Transcriptions

UNITÉ 0 — C'est la rentrée (p.7)

Activité 1
a. Un garçon avec un pantalon bleu joue au basket.
b. Deux filles regardent des photos.
c. Il y a quatre vélos devant le collège.
d. Dans la cour, il y a cinq professeurs.
e. Le professeur de gym porte des lunettes.
f. Le collège s'appelle Victor Hugo.
g. Le collège se trouve au numéro 145 de l'avenue de la Liberté.
h. Il y a un petit chat dans un arbre.

Activité 4
a. Elle porte des lunettes, une jupe rouge et des baskets blanches. Qui est-ce ?
b. Il a un sac noir et vert, et porte un tee-shirt et un bermuda. Qui est-ce ?
c. Il pense qu'il est encore en vacances... Qui est-ce ?
d. Elle fait du tennis et porte un bandeau rouge. Qui est-ce ?
e. Elle est seule, elle regarde ses baskets. Elle est nouvelle dans ce collège. Qui est-ce ?
f. Il a de longues jambes et porte des lunettes de soleil. Il n'a pas l'air en forme. C'est normal, il déteste la rentrée ! Qui est-ce ?
g. Il porte une casquette et il joue de l'harmonica. Qui est-ce ?

Des vitamines pour le cerveau ! (p.8)

- Mais... Thomas ! Qu'est-ce que tu transportes dans ton sac ? Il est énorme !
- Ben... Regarde... Deux sandwichs, trois bananes, des fruits secs, heu... une bouteille de jus d'orange, un paquet de biscuits et quatre barres de chocolat !
- Mais... Tu ne manges pas à la cantine ?
- Si... Mais le jour de la rentrée, après deux mois de vacances, il faut des vitamines pour réactiver le cerveau !

On compte jusqu'à un million ! (p.8)

Tu t'appelles Mathieu
Tu comptes jusqu'à deux
Tu t'appelles Benoît
Tu comptes jusqu'à trois

Tu t'appelles Vincent
Tu comptes jusqu'à cent
Tu t'appelles Odile
Tu comptes jusqu'à mille

Et qui compte jusqu'à un million ?
Marion ! Marion ! Marion !

Une rentrée... pleine d'activités ? (p.9)

Activité 8
J'adore... faire de la natation, jouer au basket, faire du judo, faire de la danse, jouer au foot, jouer du violon, faire du théâtre, faire de l'informatique, faire du vélo !

Activité 9
À part étudier...
Qu'est-ce que tu fais comme activité ?
Je fais de la danse !
Il fait de la danse !
Je fais du vélo !
Elle fait du vélo !

À part étudier...
Qu'est-ce que tu fais comme activité ?
Je joue du violon !
Il joue du violon !
Je fais du judo !
Elle fait du judo !

À part étudier...
Qu'est-ce que tu fais comme activité ?
Je joue au foot !
Il joue au foot !

Et moi...
Je ne fais aucune activité !
Elle ne fait aucune activité !
Et maintenant à vous de continuer...

Transcriptions

UNITÉ 1 — Qui se ressemble s'assemble p.11

Activité 1
a. Qui est blond avec des yeux bleus ?
b. Qui a des sourcils épais et des cheveux gris ?
c. Qui est chauve avec des grosses joues ?
d. Qui est brune avec une frange et des grosses lèvres ?
e. Qui a des taches de rousseur et des longs cils ?
f. Qui est blond avec un menton pointu ?
g. Qui est blonde avec des cheveux raides et un grain de beauté ?
h. Qui a une barbe et une moustache ?
i. Qui est rousse avec des couettes ?

Activité 2
C'est un chien qui n'a pas de longues oreilles. C'est un chien qui a un museau assez petit. C'est un chien qui a le poil très court. C'est un chien qui a les pattes courtes. C'est un chien qui a une tache marron sur l'oreille gauche.

Jeunes talents p.12

- Cette année, les gagnants du concours « Jeunes talents » s'appellent Poggy ! Un groupe de pop formé à Bruxelles par des artistes des 4 coins du monde... Et voici Tina, la chanteuse du groupe ! Bonjour, Tina ! Quel succès ! Comment te sens-tu ?
- Je suis hyper heureuse. C'est une grande chance pour nous !
- Nous savons peu de choses de toi. Peux-tu te présenter en quelques mots ?
- Bon... heu... je m'appelle Martina mais tout le monde m'appelle Tina... J'ai 19 ans... La musique, c'est ma passion...
- Eh oui ! Tu es chanteuse, guitariste mais je crois que tu composes aussi la musique de tes chansons...
- Oui, je suis auteur-compositeur de toutes mes chansons.
- Tu chantes en anglais mais aussi en français et en allemand. En fait, tu parles combien de langues ?
- Euh... 4... Non, non... 5 ! Je parle aussi l'espagnol et l'italien.
- Mais tu es de quelle nationalité exactement ?
- Je suis canadienne d'origine allemande par ma mère et mexicaine par mon père.
- Oh là là, quel mélange ! Un petit mot pour finir, Tina !
- Come to my world... Viens dans mon univers !
- Merci, Tina et... bonne chance !

Photos du concert p.13

Activité 5
a. Greg est né le 14 juillet, le jour de la fête nationale de son pays !
b. Le pays de Jasmine est un des plus grands du monde.
c. Dasha n'utilise pas l'alphabet latin pour écrire dans sa langue maternelle.
d. Dans le pays de Tina, on parle français et anglais.
e. Otto vient d'un pays très, très froid.

Activité 6
Qui est né... ?
a. à Paris ?
b. aux États-Unis ?
c. à Montréal ?
d. en Russie ?
e. en France ?
f. à New York ?
g. au Canada ?
h. en Suède ?

Chez la vétérinaire p.14

- Bonjour, docteur.
- Bonjour, jeune homme. Asseyez-vous, s'il vous plaît. Alors... Qu'est-ce qu'il a, le petit Hercule ?
- Oh ! Je ne sais pas, docteur. Il ne va pas bien du tout ! Il est triste, il ne joue pas, et... Il ne veut pas manger !
- Toi, Hercule ? Tu n'as pas faim ? Ça, ce n'est pas normal !
- Et il n'arrête pas de boire... Il a tout le temps soif...
- Mmm... Il a de la fièvre ?
- Comme il a trop peur du thermomètre... Je ne sais pas !
- Bon... On va voir ça. Tu as mal au ventre, Hercule ? Oh là là ! Eh oui, ça fait mal ! Bon, ce n'est pas grave ! Il a une indigestion, c'est tout ! Viens ici, Hercule ! On va voir combien tu pèses... Monte sur la balance ! Vous pouvez m'aider, s'il vous plaît ? Alors... 68 kilos ! C'est trop ! Ce n'est pas bon pour la santé ! Je suis désolée, mon petit Hercule, mais il faut faire un petit régime...
- Hercule ! Arrête ! Couché, Hercule ! Oh ! Désolé, docteur... Il ne peut pas supporter le mot « régime »...

Activité 2
a. « Il va très mal ? » Ou... « Il ne va pas bien du tout ? »
b. « Il ne veut pas manger ? » Ou... « il ne veut pas dormir ? »
c. « Il a de la fièvre ? » Ou... « Il a beaucoup de fièvre ? »
d. « Il a trop peur du thermomètre ? » Ou... « Il adore le thermomètre ? »
e. « Tu as très faim ? » Ou... « tu n'as pas faim ? »
f. « Il a soif ? » Ou... « Il a tout le temps soif ? »
g. « Tu as mal à l'oreille ? » Ou... « Tu as mal au ventre ? »
h. « Il ne peut pas supporter le mot régime ? » Ou... « Il n'aime pas le mot régime ? »

UNITÉ 2 — Au centre-ville p.21

1. Notre promotion de printemps se trouve au 2e étage, au rayon Parfumerie !
2. Mmm... C'est bon, ça ! Garçon ! Une bouteille d'eau s'il vous plaît !
3. Voie 2, le train à destination de Marseille Saint-Charles va partir. Attention au départ !
4. ... Seulement 7 euros le kilo !!! Regardez mon beau poisson ! Il nage encore !
5. - Regarde ce tableau de Picasso ! Il est beau ! J'aime beaucoup.
   - Mouais... Moi, je préfère les peintures de Dali.3
6. [Sirène.]
7. - Bonsoir ! Je voudrais la clé de la chambre numéro 317, s'il vous plaît.
   - La chambre 317... Alors... Voilà votre clé. Bonne soirée, monsieur.
8. - Excusez-moi ! Vous savez à quelle heure passe le bus de la ligne 3 ?
   - Dans 5 minutes ! Je l'attends aussi.
9. - Bonjour ! Vous avez de l'aspirine, s'il vous plaît ? J'ai très mal à la tête...
   - Oui, bien sûr ! Voilà, une boîte d'aspirine. Vous voulez un sirop pour la toux aussi ?
   - Non... Ça va aller, merci.

Transcriptions

Allô, Cristal ? p.22

Activité 1

Le commissaire Moulin a un problème. Il téléphone à Cristal, sa collaboratrice préférée. Une jeune fille avec un étrange pouvoir... Elle peut voir à travers les murs. Aujourd'hui, dans le cas qui préoccupe le commissaire, elle est indispensable...

- Allô, Cristal ?
- Oui, c'est moi.
- Ici le commissaire Moulin. On nous signale la présence d'un suspect dans un restaurant japonais. Où êtes-vous ?
- En ce moment ? Euh... Devant l'université, je vais à mon cours d'anglais.
- N'allez pas au cours. Venez directement rue des Camélias, au numéro 75.
- C'est où exactement ?
- Vous venez en voiture ?
- Non, non, je viens en métro. C'est plus rapide.
- Alors, descendez à la station Lilas, traversez la place, continuez tout droit et prenez la première rue à droite, la rue des Camélias. Le restaurant est sur le trottoir de gauche.
- D'accord... J'arrive tout de suite !
- Parfait ! Lefèvre est en route aussi...

Activité 2

a. Il y a un suspect dans un restaurant.
b. Cristal va à la bibliothèque.
c. L'adresse du restaurant est : 65, rue des Camélias.
d. Cristal va au rendez-vous à vélo parce que c'est plus rapide.
e. Elle descend à la station de métro Lilas.
f. Pour arriver au restaurant, elle traverse une place.

Ça te dit ? p.24

a. Justine et Léo ont un exposé à faire pour mardi.
b. Ils vont travailler chez Justine.
c. En ce moment, il y a une très bonne ambiance chez Léo.
d. Fabrice, le frère aîné de Léo, ne sait pas encore ce qu'il va faire.
e. Fabrice et la sœur de Justine ont le même problème.
f. Léo pense que les parents de sa copine sont trop sévères.

On va faire un tour en ville ! p.25

- Salut Arthur ! Tu veux venir avec nous ? On va faire un tour en ville !
- Marcher ? Oh non... On dit que ce n'est pas bon de marcher en plein soleil !
- Pfff...
- Et le ciné, ça te dit ? Idriss et Léa vont voir le dernier film de Christopher Nolan à 16 heures !
- Bof ! Tout le monde dit que c'est nul !
- Eh, j'ai une idée : nous allons faire des crêpes chez moi ! Ça vous dit ?
- Des crêpes ? Ah non, merci ! Trop de sucre pour moi !
- Bon, alors, je ne sais pas moi... On va finir notre tournoi de scrabble ?
- Oh non, trop intello ! J'ai mal à la tête d'avance !
- Ok, ben alors, ciao Arthur ! Amuse-toi bien tout seul !
- Et, mais... vous allez où ? Attendez-moi !

C'est pas compliqué

S'il vous plaît,
Pouvez-vous me renseigner ?
Où se trouve le musée ?

Le musée ?
C'est pas compliqué !

Prenez la rue Debré,
Tournez après le café,
Continuez jusqu'au marché,
Traversez la rue d'à côté,
Et quand vous arrivez au ciné,
Vous demandez !

C'est pas compliqué
C'est pas compliqué

Vous croyez ?
Pour moi, c'est trop compliqué !

Unité 3 — Les commerçants de mon quartier

Activité 1

1 À la boulangerie, on achète du pain de campagne, des pommes, des croissants, des pains au chocolat, du gâteau au chocolat, de la brioche...
2 À l'épicerie, on achète des conserves : des sardines à l'huile, des olives noires, des lentilles... On achète aussi des fruits et légumes : des pommes, des carottes, des pommes de terre, des chaussures...
3 À la boucherie-charcuterie, on achète de la viande : au rayon boucherie, des steaks hachés, des côtelettes d'agneau, un biberon, du poulet... Et au rayon charcuterie, on achète des merguez, des saucisses, du saucisson, du jambon...
4 À la fromagerie, on achète du fromage comme du gruyère, du camembert... et tous les autres produits laitiers : de la crème fraîche, des yaourts, du lait, du beurre, de la crème solaire... On achète aussi des œufs.

Activité 2

a. Je voudrais une bouteille de lait, s'il vous plaît.
b. Je vais prendre aussi une boîte de sardines à l'huile.
c. Combien coûtent les côtelettes ?
d. Bonjour, vous désirez ?
e. Ces œufs sont extra-frais. Vous en voulez une douzaine ?
f. 250 grammes de jambon... Voilà ! Et avec ça ?
g. Merci, ça fait combien ?

Activité 3

Dans mon quartier les commerçants
Sont un peu extravagants...

La fromagère est romantique
Elle se lève de bonne heure
Pour faire des yaourts roses
Et des fromages en forme de cœur

Le boucher est pacifique
Il déteste les couteaux
Il préfère jouer aux cartes
Et manger des petits gâteaux

L'épicière est allergique
Aux légumes et aux fruits
Elle a le nez qui pique
Quand elle touche les kiwis

Mais le plus sadique,
C'est le boulanger
Il fait pleurer les madeleines
Et fait des baguettes trop salées

On t'invite !

● Thomas, Thomas !
■ Ah, Jeanne, Margot, salut ! Ça va ?
▲ Ouais, ça va ! Tu vois, on colle des affiches pour la fête des voisins de notre quartier !
■ Une fête ? C'est cool, ça !
▲ Si tu es libre, tu peux venir ! On t'invite !

Transcriptions

■ Ah merci, c'est sympa ! Mais au fait... c'est quel jour exactement ?
● Samedi prochain, au parc des Platanes. On va faire un pique-nique géant !
■ Samedi prochain... le 24 ?
▲ Oui, c'est ça !
■ Oh ! C'est pas vrai ! Ça c'est pas de chance ! Je regrette, mais ça ne va pas être possible...
● Tu ne peux pas venir ? Pourquoi ?
■ Mes parents ne sont pas là et je dois m'occuper de ma petite sœur... Je suis vraiment désolé, les filles...
▲ Oh, dommage... Surtout que notre voisine du troisième, avec qui on va faire un gâteau pour la fête, c'est... Christelle !
■ Christelle ? Elle habite dans votre immeuble ?! Bon, ben... pas de problème ! J'emmène ma sœur... avec votre permission, bien sûr !

Grande fête au collège p.35

Activité 4
a. Pour la fête du collège, les élèves de troisième vont préparer des activités...
   1 avec leurs copains de classe.
   2 avec leur famille.
   3 avec des élèves d'un autre collège.
b. En équipe, ils vont choisir...
   1 leur déguisement, leur chanson et leur poésie.
   2 leur déguisement, leur discours et leur chanson.
   3 leur déguisement, leur chanson et leur gâteau.
c. Ils vont jouer un match de basket...
   1 contre les élèves de quatrième.
   2 contre leurs parents.
   3 contre leurs profs.
d. Pendant le pique-nique géant...
   1 ils vont préparer des gâteaux avec leurs profs.
   2 ils vont préparer un buffet avec leurs gâteaux.
   3 ils vont exposer leurs déguisements.
e. Après le pique-nique...
   1 ils vont interpréter leur chanson favorite.
   2 ils vont former une chorale pour chanter.
   3 ils vont organiser un concours de poésie.

Activité 5
a. Il est génial, ton déguisement !
b. Votre chorégraphie est super !
c. Il est où, notre panier avec le repas ? J'ai trop faim !
d. Leur spectacle est très original, tu ne trouves pas ?
e. Ils sont vraiment bons, nos sandwichs !
f. Mais... qu'est-ce qu'il court vite, ton prof de maths !

Quelle mémoire !

● Bonjour Monsieur Tsouli ! Ça va ?
■ Ça va, merci ! Qu'est-ce qu'il vous faut, aujourd'hui ?
▲ Oh, plein de choses pour faire un bon gâteau !
■ Mmm... Plein de bonnes choses alors ! Je vous écoute !
● Heu... Zut ! On a oublié la liste, Margot ! Oh là là... Qu'est-ce qu'on fait ?
▲ C'est pas grave, j'ai une bonne mémoire ! Je me rappelle très bien ! On va prendre du lait...
■ D'accord ! Combien de litres ?
▲ 3 litres de lait !
■ Eh bien... Ça fait beaucoup de lait, ça ! C'est un gros gâteau, non ?
▲ Et aussi du chocolat en poudre !
■ La grande boîte ou la petite ?
▲ La grande, s'il vous plaît.
■ Voilà ! Et avec ça ?
▲ Euh... du sucre, un kilo de sucre !
● Et de la farine, s'il vous plaît !
■ Un kilo ?
▲ Non, non, il faut beaucoup de farine... Deux kilos !
■ Deux kilos ? Vous êtes sûres ?
▲ Oui, oui !
■ Et vous ne mettez pas un peu de yaourt dans votre gâteau ?
▲ Non, non, pas de yaourt...
■ Bon, bon. C'est tout ?
▲ Oui, c'est tout !
● Non ! Il manque les œufs, les fraises et la crème fraîche !
▲ C'est vrai ! Oh là là !
● Et ben, heureusement que tu as une bonne mémoire !

Idées pique-nique p.37

1. Prenez une salade et lavez-la. Séparez les feuilles.
2. Prenez un croissant, coupez-le par la moitié horizontalement et tartinez-le avec la sauce au thon.
3. Prenez une tortilla, étalez-la et tartinez-la avec du guacamole.
4. Prenez les escalopes de poulet et coupez-les en petits morceaux.
5. Prenez les tranches de fromage, pliez-les en deux et mettez-les sur la feuille de salade.
6. Lavez les tomates et coupez-les en petits dés. Mettez-les dans la tortilla.

UNITÉ 4 — À la maison p.43

Activité 1
a. Quelle est la pièce où on mange ? la salle à manger ou les toilettes ?
b. Quelle est la pièce où on dort ? la chambre ou la cuisine ?
c. Dans quelle pièce on peut discuter sur le canapé ? dans le salon ou dans le couloir ?
d. Où est-ce qu'on se lave ? dans la salle de bains ou dans la salle à manger ?
e. Où est-ce qu'on prépare les spaghettis ? dans la cuisine ou dans le salon ?

Activité 2
une armoire • un canapé • une étagère • un lit • un bureau • un escalier • un coussin • une lampe • une chaise • un tapis • un miroir • un rideau • un fauteuil • un tiroir

Activité 3
a. Le tapis du salon est vert.
b. Il y a des coussins dans la salle de bain.
c. Il y a trois tiroirs sous le bureau.
d. Le chien dort sur le canapé.
e. Il y a un rideau à fleurs dans le couloir.
f. La guitare électrique est sur le fauteuil.
g. Il y a une lampe rouge à côté d'une armoire.

La chambre de Marie p.44

Activité 2
a. Quand on entre, la fenêtre est à droite.
b. Le lit est en face de la porte.
c. L'armoire se trouve au milieu de la chambre.
d. Le miroir est à côté du bureau.
e. Il y a une plante au fond de la chambre.
f. Les photos de sa famille sont à droite de la fenêtre.

Charlotte adore jouer à cache-cache ! p.45

Activité 7
Dessine la maison de Charlotte au milieu d'une feuille blanche. À droite, à côté, le garage. À gauche, près de la maison, il y a un grand palmier. Sous le palmier, il y a la petite maison de Zip, le chien. À droite, loin de la maison, il y a un arbre. Dans l'arbre il y a une pomme. À côté de l'arbre, à gauche, il y a trois fleurs. En face des fleurs, un petit lac, et dans le lac un petit canard nage : coin coin ! Loin, derrière la maison, il y a quatre montagnes très, très hautes. En ce moment, Charlotte est en face de la maison, au milieu du jardin. Elle joue au ballon. Attention, Charlotte !

Transcriptions

Le dimanche d'Ernesto p.46

Activité 2
a. Il a acheté un souvenir.
b. Il a pris le bus.
c. Il est arrivé chez lui.
d. Il est entré dans un petit magasin.
e. Il est sorti de chez lui.
f. Il est monté en ascenseur.

Activité 3
- Il est fatigué, Ernesto, aujourd'hui...
- C'est normal, tu sais ce qu'il a fait hier ?
- Non...
- Il est allé à la tour Eiffel...
- À pied ?
- Non, il a pris le métro !
- Et après, il a pris l'ascenseur, j'espère ?
- Non, non, il est monté à pied... jusqu'au 4ᵉ étage !
- Ben dis-donc !
- Et... et... et... il a acheté un petit souvenir pour moi... Regarde... Un petit porte-clés !
- Oh !
- Et après... Il est rentré chez lui à pied !
- À pied ? Mais c'est loin, la tour Eiffel, de chez lui !
- Oui, oui, 15 kilomètres, je crois...
- Et ben... Impressionnant...
- Chuuut... S'il vous plaît...

Qu'est-ce que tu as fait hier... et avant-hier ? p.47

Activité 4
Elle a travaillé... Elle a pris un café... Elle a acheté le journal... Elle a mangé une banane... Elle a préparé une pizza... Elle a pris son vélo... Elle est allée au parc... Elle a écrit un petit message... Et elle est sorti avec... ?

Agathe a des invités p.55

Activité 1
fourchette • petite cuillère • assiette • plat • bol • carafe • couteau • tasse • nappe • cuillère • serviette • verre

Dis-moi ce que tu manges... p.57

Activité 4
a. Elle mange des pommes au four ?
b. Elle boit de l'eau ?
c. Elle mange des légumes cuits ?
d. Elle prend des tisanes et du thé ?
e. Et des frites et de la pizza ?
f. Elle mange du pain ?
g. Et des amandes et des noisettes ?
h. Et qu'est-ce qu'elle consomme à toute heure ?

Activité 5
a. Elle en prend seulement le matin.
b. Elle en mange sept chaque jour.
c. Elle en fait pour toute la famille.
d. Elle n'en boit pas trop.

Déjeuner du matin p.58

Il a mis le café
Dans la tasse
Il a mis le lait
Dans la tasse de café
Il a mis le sucre
Dans le café au lait
Avec la petite cuiller
Il a tourné
Il a bu le café au lait
Et il a reposé la tasse
Sans me parler
Il a allumé
Une cigarette
Il a fait des ronds
Avec la fumée
Il a mis les cendres
Dans le cendrier
Sans me parler
Sans me regarder
Il s'est levé
Il a mis
Son chapeau sur sa tête
Il a mis
Son manteau de pluie
Parce qu'il pleuvait
Et il est parti
Sous la pluie
Sans une parole
Sans me regarder
Et moi j'ai pris
Ma tête dans ma main
Et j'ai pleuré

« Déjeuner du matin » de Jacques Prévert, in *Paroles* 1945 © Éditions Gallimard

Après le récital de poésie p.59

Activité 4
a. Pourquoi Margot a piqué un fou rire ?
b. Qu'est-ce qui a donné envie de pleurer à Gabriel ?
c. Qu'est-ce que Thomas a trouvé très drôle ?
d. Pourquoi Fang a eu très peur ?

Activité 5
a. Arthur a eu envie de pleurer quand Hercule est arrivé sur scène.
b. Hercule a eu peur quand le public a applaudi
c. Jeanne a attrapé un fou rire quand Fang a dansé.
d. Fang a adoré quand Thomas a crié.

UNITÉ 6 — La géante de la savane p.66

Activité 2
a. Les girafes sont carnivores ? omnivores ? herbivores ?
b. Elles habitent dans la savane ? dans le désert ? dans la forêt vierge ?
c. Une girafe peut courir à une vitesse de 40, de 50 ou de 60 km / heure ?
d. Par jour, les girafes peuvent manger combien de kilos de feuilles ? plus de 60 kg ? plus de 75 kg ? plus de 80 kg ?
e. Combien elles mesurent ? Entre 3 et 4 mètres ? Entre 4 et 5 mètres ? Entre 5 et 6 mètres ?
f. Combien elles peuvent peser ?
   Entre 500 et 900 kilos ?
   Entre 1 000 et 1 500 kilos ?
   Entre 1 600 et 2 000 kilos ?
g. Elles vivent en troupeau ? en couple ? solitaires ?
h. Pour se défendre de son ennemi, que fait la girafe ?
   Elle donne des coups de tête ? des coups de sabots ?
   Elle pousse de grands cris ?

quatre-vingt-cinq

Transcriptions

Records de vitesse p.67

Activité 3
a. La hyène court moins vite que le zèbre.
b. Le lion court aussi vite que la hyène.
c. L'éléphant est plus rapide que l'hippopotame.
d. L'autruche est l'animal le plus lent.
e. La gazelle est aussi rapide que le lion.
f. L'animal le plus rapide, c'est le guépard.

Plus tard ou bientôt ? p.68

Situation 1
- ZTI305, est-ce qu'on peut connecter nos cerveaux maintenant ?
- Oh, désolée YPH4, mon cerveau est complètement occupé par STUW en ce moment. Je serai peut-être disponible demain...

Situation 2
- Aux prochaines vacances nous irons voir mamie, d'accord ?
- D'accord ! On ira comment ? On prendra les capsules aériennes ?
- Oui...
- Génial ! J'adore !

Situation 3
- Pourquoi tu fermes les yeux ?
- Je ne supporte pas l'ascenseur spatial... Ça me donne le vertige...
- Calme-toi, on va arriver dans quelques secondes... Dans trois secondes et demie exactement !
- Aaaah !

Situation 4
- Tu as pris ta ration d'eau potable ?
- Non, je vais la prendre un peu plus tard.

Dans le futur, tout sera possible ? p.69

Activité 6
a. Tu connais la planète Mars ?
b. Tu visiteras Neptune ?
c. Pour voyager, tu utiliseras la capsule aérienne ?
d. Tu prendras tes valises téléguidées ?
e. Tu mettras tes vêtements connectés ?

Monsieur Météo p.72

Tous les soirs
Tous les matins
Moi, j'écoute la radio
Pour savoir avec précision
Ce que dit la météo
Ho ho ho ho
Monsieur Météo (bis)
Dites-moi s'il va faire chaud
Dites-moi s'il va faire beau

Le soleil brillera
Le soleil brillera pas
C'est très important pour moi
Est-ce que le vent va souffler ?
Il va peut-être neiger ?
Ho ho ho ho
Monsieur Météo (bis)
Donnez-moi votre opinion
Est-ce que le temps sera bon ?

Ho ho ho ho
Monsieur Météo
Ho ho ho ho
Monsieur Météo

Résumé grammatical

Les articles

ARTICLES DÉFINIS

	Masculin	Féminin
Singulier	le pays	la montagne
	l'océan	l'île
	l'hémisphère	l'herbe
Pluriel	les pays	les montagnes
	les océans	les îles
	les hémisphères	les herbes

L'article *l'* remplace *le* ou *la* devant une voyelle ou un « h » muet.

L'article défini est obligatoire devant les noms de pays et de régions :
le Japon / *le* Roussillon / *la* France / *la* Bretagne / *l'*Espagne / *l'*Andalousie / *les* États-Unis / *les* Canaries…

ARTICLES DÉFINIS CONTRACTÉS

	Avec À	Avec DE
Masculin singulier	à + le = au Elle va au parc.	de + le = du Regarde la couleur du ciel.
Masculin et féminin pluriels	à + les = aux Ils jouent aux échecs.	de + les = des L'eau des océans est polluée.

 Avec *la* et *l'*, pas de contraction :
Je vais à l'école de musique pour faire de la guitare.

On a souvent besoin des articles contractés après…
avoir mal à : J'ai mal aux pieds.
jouer à : On joue au foot.
jouer de : Tu joues du piano ?
faire de : À 5 h, ils font du sport.
aller à : On va aux toilettes.
venir de : Je viens du musée.

ARTICLES DÉFINIS

	Masculin	Féminin
Singulier	un jardin	une fleur
	un oiseau	une abeille
	un hélicoptère	une hirondelle
Pluriel	des jardins	des fleurs
	des oiseaux	des abeilles
	des hélicoptères	des hirondelles

LA LIAISON

À l'oral, après les articles, il faut faire la liaison devant une voyelle ou un « h » muet.
les oiseaux ; des îles ; des petites histoires
Attention aux herbes folles !
Et aussi : un arbre ; un hôtel

Résumé grammatical

Les articles

ARTICLES PARTITIFS

	Masculin	Féminin
Singulier	du sucre	de la farine
	de l'ananas	de l'eau
	de l'humour	de l'huile
Pluriel	des fruits	des cerises
	des œufs	des amandes

Un peu ou beaucoup ??? La quantité n'est pas spécifiée !

Ils indiquent une quantité indéterminée :
Il y a du vent et du soleil.
Elle a de la chance, elle a de l'argent !

Comme ils expriment une quantité, ces articles sont souvent accompagnés de noms en rapport avec la nourriture.

Pour faire ce gâteau, il faut : du chocolat, de la farine, du beurre, des œufs, des amandes...

ARTICLES INDÉFINIS ET PARTITIFS : PARTICULARITÉS

À la forme négative

Après un verbe à la forme négative, les articles indéfinis et les articles partitifs se transforment en **de** ou **d'**.

*Vous avez **un** sac pour faire les courses ? Non, je n'ai **pas de** sac.*

*Il y a **de l'**huile dans sa recette ? Non, il n'y a **pas d'**huile. Et **des** œufs ? Non, **pas d'**œufs non plus !*

Après un adverbe de quantité

On remplace les articles partitifs et les articles indéfinis par **de** ou **d'**.

*Elle met **un peu** de farine, **beaucoup** de fruits, **assez** de sucre et... **trop** de beurre !*

Les adjectifs démonstratifs

	Masculin	Féminin
Singulier	ce garçon	cette fille
	cet enfant	cette école
	cet hôpital	cette histoire
Pluriel	ces garçons	ces filles
	ces enfants	ces écoles

Devant une voyelle ou un « h » muet, **cet** remplace **ce**. À l'oral, on n'entend pas la différence entre **cet** et **cette** :
cet ami   cette amie   [sɛtami]

On peut indiquer la proximité ou l'éloignement à l'aide de **ci** et **là** :
*Ce livre-**ci** est intéressant, ce livre-**là** est ennuyeux.*

Les adjectifs possessifs

		SINGULIER		PLURIEL
		Masculin	Féminin	Masculin et féminin
UN POSSESSEUR	je	mon chien	ma chambre	mes copains
	tu	ton chat	ta maison	tes copines
	il / elle	son perroquet	sa voiture	ses amis
PLUSIEURS POSSESSEURS	nous	notre chien	notre chambre	nos copains
	vous	votre chat	votre maison	vos copines
	ils / elles	leur perroquet	leur voiture	leurs amis

 On utilise les adjectifs possessifs masculins devant les mots féminins qui commencent par une voyelle ou un « h » muet :
Ton amie est très sympa et son histoire est extraordinaire.

Pour bien utiliser les adjectifs possessifs, il faut savoir qui est le possesseur :
Elle adore son chien / ses chiens.
Ils adorent leur chien / leurs chiens.

Le masculin et le féminin des adjectifs de nationalité

TERMINAISONS DIFFÉRENTES À L'ORAL ET À L'ÉCRIT

Masculin	Féminin = masculin + e	Masculin	Féminin = masculin + double consonne + e
Il est…	Elle est…	Il est…	Elle est…
anglais	anglaise	italien	italienne
chinois	chinoise	brésilien	brésilienne
allemand	allemande	européen	européenne
espagnol	espagnole		
argentin	argentine		
mexicain	mexicaine		

TERMINAISONS IDENTIQUES À L'ORAL ET À L'ÉCRIT

Masculin	Féminin = Masculin
Il est…	Elle est…
arabe	arabe
suisse	suisse
belge	belge

Résumé grammatical

Le masculin et le féminin des professions

TERMINAISONS

Masculin + e → Féminin

un marchan**d**	une marchan**de**
un avoca**t**	une avoca**te**

Masculin = Féminin

un journalist**e**	une journalist**e**
un pianist**e**	une pianist**e**
un artist**e**	une artist**e**
un chimist**e**	une chimist**e**

Masculin ≠ Féminin

un ac**teur**	une ac**trice**
un fac**teur**	une fac**trice**
un vend**eur**	une vend**euse**
un coiff**eur**	une coiff**euse**
un bouch**er**	une bouch**ère**
un infirm**ier**	une infirm**ière**
un pharmac**ien**	une pharmac**ienne**
un music**ien**	une music**ienne**

Traditionnellement, de nombreux noms de professions n'avaient pas de féminin. C'est encore le cas pour : *écrivain, médecin…*

Progressivement :
- on leur donne une forme au féminin : *Sa professeure est l'auteure de ce livre.*
- on les emploie avec l'article féminin : *la juge, la ministre…*

Le comparatif et le superlatif

ILS PORTENT SUR UN…	COMPARATIF	SUPERLATIF
VERBE	Tu travailles **plus** **moins** **autant** que moi.	Qui travaille **le plus** ?
ADVERBE	Tu roules **plus** vite **moins** vite **aussi** vite que moi.	Qui roule **le plus** vite ?
ADJECTIF	Je suis **plus** écologique **moins** écologique **aussi** écologique que toi.	Qui est **la plus** écologique ?
NOM	J'ai **plus de** roues **moins de** roues **autant de** roues que lui.	Qui a **le plus de** réparations ?

⚠ IRRÉGULIERS

bon	meilleur(e) meilleur(e)s	le meilleur, la meilleure les meilleur(e)s
mauvais	pire pires	le / la pire les pires

Résumé grammatical

La quantité

LES NOMBRES

0	zéro	10	dix	20	vingt	100	cent
1	un	11	onze	21	vingt et un	200	deux cents
2	deux	12	douze	22	vingt-deux	201	deux cent un
3	trois	13	treize	30	trente	306	trois cent six
4	quatre	14	quatorze	40	quarante	440	quatre cent quarante
5	cinq	15	quinze	50	cinquante	1 000	mille
6	six	16	seize	60	soixante	2 000	deux mille
7	sept	17	dix-sept	70	soixante-dix	2 010	deux mille dix
8	huit	18	dix-huit	80	quatre-vingts	10 000	dix mille
9	neuf	19	dix-neuf	90	quatre-vingt-dix	1 000 000	un million

LES ADVERBES

Devant un adjectif

Tu es très sympa.
Elle est trop gentille.
Il est assez aimable.

Devant un nom

J'ai beaucoup de copains.
Vous avez trop de travail.
Elles ont assez d'humour.

Devant un verbe

Elle rit beaucoup.
Il parle trop.
Ils ne travaillent pas assez.

⚠ **Expressions qui expriment les sensations :** Il a très froid, très peur, très faim, très soif, très mal…

⚠ **La place de ces adverbes au passé composé :** Elle **a été** très sympa. Vous **avez eu** beaucoup de travail. Elle **a** beaucoup **ri**. Il **a** trop **parlé**. Ils **n'ont** pas assez **travaillé**.

Le lieu

À - EN - DE PAYS-ÎLES-VILLES

la France
l'Italie
l'Iran
le Canada
les États-Unis
les Baléares
Paris

ÊTRE - ALLER À / EN

en France
en Italie
en Iran
au Canada
aux États-Unis
aux Baléares
à Paris

VENIR DE

de France
d'Italie
d'Iran
du Canada
des États-Unis
des Baléares
de Paris

Lieux en général

le salon
la cuisine
les W.-C., les toilettes

À

au salon
à la cuisine
aux W.-C., aux toilettes

DE

du salon
de la cuisine
des W.-C., des toilettes

AUTRES PRÉPOSITIONS

sous / sur / dans - devant / derrière - chez…

Il y a beaucoup de livres chez lui, dans sa chambre surtout : sur son bureau, sous son lit, devant la fenêtre…

près de / loin de - à côté de / au milieu de…

J'habite près du collège, juste à côté de l'hypermarché, mais loin du centre et de chez mes copains.

Résumé grammatical

Les pronoms personnels

SUJETS	TONIQUES
Je parle.*	**Moi**, je parle…
Tu écoutes.	**Toi**, tu écoutes…
Il travaille.	**Lui**, il travaille…
Elle écrit.	**Elle**, elle écrit…
On mange.	**Nous**, on mange…
Nous mangeons.	**Nous**, nous mangeons…
Vous voyagez.	**Vous**, vous voyagez…
Ils dessinent.	**Eux**, ils dessinent…
Elles nagent.	**Elles**, elles nagent…

*__Je__ → **J'** devant une voyelle ou un « h » muet : **J'**écoute.

Les pronoms sujets sont obligatoires devant tous les verbes, sauf à l'impératif.

On = nous
Toi et moi, **on** chante super bien.

On = tout le monde
On a le droit de se tromper.

Les pronoms toniques s'emploient :
- pour renforcer les pronoms sujets : *Moi, je suis très bon en maths et lui, il est très bon en anglais.*
- après le présentatif *c'est* : *C'est Julien ? Oui, c'est **lui**.*
- après une préposition : *Tu viens **chez moi** ? Je vais en voyage **avec eux** !*

Je veux partir en voyage avec **eux**.

COD	Quand le verbe commence par une voyelle
Elle **me** regarde.	Elle **m'**aide.
Je **te** regarde.	Je **t'**aide.
Vous **le** regardez.	Vous **l'**aidez.
Elles **la** regardent.	Elles **l'**aident.
Il **nous** regarde.	Elle **nous** aide.
Ils **vous** regardent.	Ils **vous** aident.
Tu **les** regardes.	Tu **les** aides.
Nous **les** regardons.	Nous **les** aidons.

Les pronoms complément d'objet direct (COD) évitent la répétition d'un nom de personne ou de chose.

On identifie le COD par :
- la question *qui* s'il s'agit d'une personne.
- la question *quoi* s'il s'agit d'une chose.

EN

Il remplace un COD précédé :
- d'un article indéfini : **un, une, des**
- d'un article partitif : **du, de la, de l', des**
- d'une expression de quantité : **beaucoup de, peu de, trop de, assez de, une bouteille de, un litre de…**

Il permet de préciser les partitifs.

Ils mangent **des pizzas** ? Oui, ils **en** mangent.
Elle porte **un chapeau** ? Oui, elle **en** porte un.
Ils boivent **du café** ? Non, ils n'**en** boivent pas.

Il y a **assez d'eau** ? Oui, il y **en** a assez.
Ils ont **beaucoup de bouteilles de coca** ?
Oui, ils **en** ont **beaucoup** !

Et il y a **du soda** ? Il y **en** a **deux bouteilles**.

La place des pronoms personnels

À L'IMPÉRATIF

Mange-le !
Ne le mange **pas** !!!

AVEC UN TEMPS SIMPLE

Tu connais ma copine ?
Oui, je la connais.
Non, je **ne** la connais **pas**.

AVEC UN TEMPS COMPOSÉ

Et ton journal, tu l'as perdu ?
Non, je **ne** l'ai **pas** acheté aujourd'hui.
Tu as mangé beaucoup de croquettes ?
Non, je **n'en** ai **pas** mangé, je suis au régime !

L'interrogation

	ON PEUT DIRE AUSSI
C'est facile ?	
Qui est-ce ?	C'est qui ?
Qu'est-ce que c'est ?	C'est quoi ?
Qu'est-ce que vous préférez ?	
Qu'est-ce qu'il regarde ?	
Vous allez à quel endroit ?	À quel endroit vous allez ?
Quel jour ? À quelle heure ?	
Vous emportez quels sacs ?	Quels sacs vous emportez ?
Quelles valises ?	
Tu parles de qui ?	De qui tu parles ?
Juliette est comment ?	Comment est Juliette ?
Les vacances commencent quand ?	Quand commencent les vacances ?
Françoise va où, maintenant ?	Où va Françoise, maintenant ?
Tu pèses combien ?	Combien tu pèses ?
Tu as combien de frères et sœurs ?	Combien de frères et sœurs tu as ?
Tu es venu pourquoi ?	Pourquoi tu es venu ?

Conjugaison

INFINITIF	PRÉSENT		IMPÉRATIF	FUTUR SIMPLE		PASSÉ COMPOSÉ			Observations
avoir	j'	ai		j'	aurai	j'	ai	eu	*Avoir* est l'auxiliaire le plus fréquent au passé composé.
	tu	as	aie	tu	auras	tu	as	eu	
	il/elle	a		il/elle	aura	il/elle	a	eu	
	nous	avons	ayons	nous	aurons	nous	avons	eu	
	vous	avez	ayez	vous	aurez	vous	avez	eu	
	ils/elles	ont		ils/elles	auront	ils/elles	ont	eu	
être	je	suis		je	serai	j'	ai	été	*Être* est l'auxiliaire du passé composé des verbes pronominaux et de *aller*, *venir*, *entrer*, *sortir*, *arriver*, *partir*, *monter*, *descendre*…
	tu	es	sois	tu	seras	tu	as	été	
	il/elle	est		il/elle	sera	il/elle	a	été	
	nous	sommes	soyons	nous	serons	nous	avons	été	
	vous	êtes	soyez	vous	serez	vous	avez	été	
	ils/elles	sont		ils/elles	seront	ils/elles	ont	été	
aller	je	vais		j'	irai	je	suis	allé(e)	*Aller* est un verbe irrégulier. Avec l'auxiliaire *être* au passé composé, le participe passé s'accorde avec le sujet.
	tu	vas	va	tu	iras	tu	es	allé(e)	
	il/elle	va		il/elle	ira	il/elle	est	allé(e)	
	nous	allons	allons	nous	irons	nous	sommes	allé(e)s	
	vous	allez	allez	vous	irez	vous	êtes	allé(e)(s)	
	ils/elles	vont		ils/elles	iront	ils/elles	sont	allé(e)s	
aimer	j'	aime		j'	aimerai	j'	ai	aimé	Avec l'auxiliaire *avoir* au passé composé, le participe passé ne s'accorde pas avec le sujet.
	tu	aimes	aime	tu	aimeras	tu	as	aimé	
	il/elle	aime		il/elle	aimera	il/elle	a	aimé	
	nous	aimons	aimons	nous	aimerons	nous	avons	aimé	
	vous	aimez	aimez	vous	aimerez	vous	avez	aimé	
	ils/elles	aiment		ils/elles	aimeront	ils/elles	ont	aimé	
avancer + commencer…	j'	avance		j'	avancerai	j'	ai	avancé	Le c se transforme en ç devant *a* et *o* pour préserver la prononciation [s] à toutes les personnes.
	tu	avances	avance	tu	avanceras	tu	as	avancé	
	il/elle	avance		il/elle	avancera	il/elle	a	avancé	
	nous	avançons	avançons	nous	avancerons	nous	avons	avancé	
	vous	avancez	avancez	vous	avancerez	vous	avez	avancé	
	ils/elles	avancent		ils/elles	avanceront	ils/elles	ont	avancé	
dire + contredire, interdire…	je	dis		je	dirai	j'	ai	dit	*Dire* est un verbe irrégulier, mais surtout au présent ; et au singulier, c'est facile.
	tu	dis	dis	tu	diras	tu	as	dit	
	il/elle	dit		il/elle	dira	il/elle	a	dit	
	nous	disons	disons	nous	dirons	nous	avons	dit	
	vous	dites	dites	vous	direz	vous	avez	dit	
	ils/elles	disent		ils/elles	diront	ils/elles	ont	dit	
écrire + décrire, inscrire, réécrire…	j'	écris		j'	écrirai	j'	ai	écrit	Même observation que pour *dire*.
	tu	écris	écris	tu	écriras	tu	as	écrit	
	il/elle	écrit		il/elle	écrira	il/elle	a	écrit	
	nous	écrivons	écrivons	nous	écrirons	nous	avons	écrit	
	vous	écrivez	écrivez	vous	écrirez	vous	avez	écrit	
	ils/elles	écrivent		ils/elles	écriront	ils/elles	ont	écrit	
faire	je	fais		je	ferai	j'	ai	fait	Attention aux irrégularités et à la variation *ai / e*. À l'oral : *fais, fait, faites* → [ɛ] *faisons, ferai* → [ə]
	tu	fais	fais	tu	feras	tu	as	fait	
	il/elle	fait		il/elle	fera	il/elle	a	fait	
	nous	faisons	faisons	nous	ferons	nous	avons	fait	
	vous	faites	faites	vous	ferez	vous	avez	fait	
	ils/elles	font		ils/elles	feront	ils/elles	ont	fait	
finir + choisir, obéir, réfléchir, réussir…	je	finis		je	finirai	j'	ai	fini	Attention : tous les verbes en *-ir* ne suivent pas ce modèle.
	tu	finis	finis	tu	finiras	tu	as	fini	
	il/elle	finit		il/elle	finira	il/elle	a	fini	
	nous	finissons	finissons	nous	finirons	nous	avons	fini	
	vous	finissez	finissez	vous	finirez	vous	avez	fini	
	ils/elles	finissent		ils/elles	finiront	ils/elles	ont	fini	

Conjugaison

INFINITIF	PRÉSENT		IMPÉRATIF	FUTUR SIMPLE		PASSÉ COMPOSÉ			Observations
se lever + relever, souslever…	je tu il/elle nous vous ils/elles	me lève te lèves se lève nous levons vous levez se lèvent	lève-toi levons-nous levez-vous	je tu il/elle nous vous ils/elles	me lèverai te lèveras se lèvera nous lèverons vous lèverez se lèveront	je me tu t' il/elle s' nous nous vous vous ils/elles se	suis es est sommes êtes sont	levé(e) levé(e) levé(e) levé(e)s levé(e)(s) levé(e)s	*Se lever* : verbe à la forme pronominale. Attention à l'accent écrit et à l'opposition [ɛ] / [ə].
lire + relire…	je tu il/elle nous vous ils/elles	lis lis lit lisons lisez lisent	lis lisons lisez	je tu il/elle nous vous ils/elles	lirai liras lira lirons lirez liront	j' tu il/elle nous vous ils/elles	ai as a avons avez ont	lu lu lu lu lu lu	À l'oral, attention à la différence entre *lis*, *lit* → [i] et *lu* → [y].
manger + corriger, changer, nager, ranger, voyager…	je tu il/elle nous vous ils/elles	mange manges mange mangeons mangez mangent	mange mangeons mangez	je tu il/elle nous vous ils/elles	mangerai mangeras mangera mangerons mangerez mangeront	j' tu il/elle nous vous ils/elles	ai as a avons avez ont	mangé mangé mangé mangé mangé mangé	Devant *o* et *a*, *g* est suivi d'un *e*, pour préserver la prononciation [ʒ] à toutes les personnes.
mettre + permettre, transmettre, promettre…	je tu il/elle nous vous ils/elles	mets mets met mettons mettez mettent	mets mettons mettez	je tu il/elle nous vous ils/elles	mettrai mettras mettra mettrons mettrez mettront	j' tu il/elle nous vous ils/elles	ai as a avons avez ont	mis mis mis mis mis mis	Au présent et à l'impératif, le *t* des 3 personnes du singulier ne se prononce pas.
pouvoir	je tu il/elle nous vous ils/elles	peux peux peut pouvons pouvez peuvent		je tu il/elle nous vous ils/elles	pourrai pourras pourra pourrons pourrez pourront	j' tu il/elle nous vous ils/elles	ai as a avons avez ont	pu pu pu pu pu pu	*Pouvoir* est irrégulier, même au futur. *Pouvoir* n'a pas d'impératif.
prendre + apprendre, comprendre…	je tu il/elle nous vous ils/elles	prends prends prend prenons prenez prennent	prends prenons prenez	je tu il/elle nous vous ils/elles	prendrai prendras prendra prendrons prendrez prendront	j' tu il/elle nous vous ils/elles	ai as a avons avez ont	pris pris pris pris pris pris	Au présent et à l'impératif, le *d* des 3 personnes du singulier ne se prononce pas.
venir + devenir, revenir… + tenir, appartenir…	je tu il/elle nous vous ils/elles	viens viens vient venons venez viennent	viens venons venez	je tu il/elle nous vous ils/elles	viendrai viendras viendra viendrons viendrez viendront	je tu il/elle nous vous ils/elles	suis es est sommes êtes sont	venu(e) venu(e) venu(e) venu(e)s venu(e)(s) venu(e)s	*Venir* se conjugue avec *être* au passé composé.
voir + prévoir, revoir…	je tu il/elle nous vous ils/elles	vois vois voit voyons voyez voient	vois voyons voyez	je tu il/elle nous vous ils/elles	verrai verras verra verrons verrez verront	j' tu il/elle nous vous ils/elles	ai as a avons avez ont	vu vu vu vu vu vu	Attention, verbe très irrégulier !
vouloir	je tu il/elle nous vous ils/elles	veux veux veut voulons voulez veulent	veuillez	je tu il/elle nous vous ils/elles	voudrai voudras voudra voudrons voudrez voudront	j' tu il/elle nous vous ils/elles	ai as a avons avez ont	voulu voulu voulu voulu voulu voulu	La forme impérative de *vouloir* s'utilise surtout dans les formules de politesse : *Veuillez m'excuser.*

Phonétique

J'écoute, je prononce / j'écris

VOYELLES ORALES

- [i] livre
- [e] épée — les cahiers, sortez !, écouter
- [ɛ] lait — fête, mère, belle, merci
- [a] arbre
- [ɔ] porte
- [o] moto — eau, jaune, gros
- [u] loup
- [y] lune
- [ø] bleu
- [œ] cœur — peur
- [ə] 1er premier

VOYELLES NASALES

- [ɛ̃] pain — insecte
- [ɑ̃] 30 trente — branche
- [ɔ̃] bonbon
- [œ̃] 1 un

SEMI-VOYELLES

- [j] pied — canadien, vieux
- [w] tatouage — oui, roi
- [ɥ] parapluie

CONSONNES

- [p] pomme
- [t] tomate
- [k] cahier — koala, qui
- [b] ballon
- [d] dé
- [g] guitare — guerre, Congo, garage
- [f] feu — photo
- [s] tasse — souris, ça, cinéma
- [ʃ] chat
- [v] ver
- [z] zèbre — maison
- [ʒ] girafe — page, je, jambe
- [l] lunettes
- [R] ordinateur — rue, terrible
- [m] miel — kilogramme
- [n] téléphone — elle donne
- [ɲ] montagne

Lecture à haute voix : je lis, je dis

L'ACCENT TONIQUE

Il est toujours à la fin du mot ou de la phrase.
lundi   petite   une petite fille   Je ne sais pas.

LES LETTRES FINALES

- **Le « e » final** ne se prononce pas, sauf dans les mots d'une seule syllabe comme *je, me, le*.
  Claire adore la musique.

  C'est le cas de la marque du féminin : *ma meilleure amie.*

- **En général, les consonnes finales** ne se prononcent pas.
  Berthe a un grand pied. Elle lit un petit livre. Margot et Lili dansent. Salut ! Comment ça va ?

  C'est le cas de la marque du pluriel :
  *Les vélos de mes cousines sont rouges.
  Regarde ses beaux cheveux roux !*

LIAISONS ET ENCHAÎNEMENTS

Quand un mot commence par une voyelle ou par un « h » muet, il faut unir les mots, enchaîner les sons.

cette école   une histoire

Parfois on ajoute un son : c'est **la liaison**.

*un agenda   un hélicoptère
des agendas   des histoires
C'est important. Vous habitez où ?*

Actes de communication

PARLER DE SES ACTIVITÉS

Je **fais du** piano.
Je **fais de la** natation.
Je **fais de l'**escalade.
Je **fais des** puzzles et **de la** céramique.

Je **joue du** piano.
Je **joue de la** flûte.
Je **joue au** basket.
Je **joue aux** échecs.

DÉCRIRE PHYSIQUEMENT

Décrire des personnes

Valentine a des **taches de rousseur**.
Sandrine est **brune aux yeux bleus**.
Théo est **blond avec un menton pointu**.

Décrire des animaux

C'est un chien qui a **les oreilles pointues**.
Achille a **les pattes courtes** et une **tache marron sur l'oreille gauche**.

S'INFORMER SUR L'IDENTITÉ DE QUELQU'UN

Comment s'appelle la chanteuse ?
Quel âge a-t-elle ? / Elle a **quel âge** ?
Quelle est sa passion ?

Où est-ce que tu habites ? / Tu habites **où** ?
Quelle est ta nationalité ?

INDIQUER LA NATIONALITÉ ET LE PAYS DE QUELQU'UN

Il est **italien**.
Elle est **italienne**.
Il est **brésilien**.
Elle est **américaine**.

Il est né **à** Milan.
Elle est née **en** Italie.
Il est né **au** Brésil.
Elle est née **aux** États-Unis.

INDIQUER OÙ ON VA

Je vais **au** cinéma.
Tu vas **à la** gare ?
Nous allons **à l'**université.
Ils vont **aux** États-Unis.
Il va **en** France.
Vous allez **au** Portugal ?

INDIQUER D'OÙ ON VIENT

Je viens **du** cinéma.
Tu viens **de la** gare ?
Nous venons **de l'**université.
Ils viennent **des** États-Unis.
Il vient **de** France.
Vous venez **du** Portugal ?

INDIQUER UN ITINÉRAIRE

Descends à la Station « Porte des Lilas », **traverse** la place et **continue** tout droit.
Prends la première rue à gauche, le restaurant est sur le trottoir de droite.
Tournez à droite et **prenez** la quatrième rue à gauche puis **allez** tout droit.

Actes de communication

EXPRIMER CE QUE L'ON RESSENT

J'ai mal **à la** tête, j'ai mal **au** pied
et j'ai mal **aux** yeux.
J'ai mal **à l'**oreille.

EXPRIMER UN DÉSIR ET LA POSSIBILITÉ

Tu as mal à la gorge ? Tu **veux** un bonbon au miel ?
Je ne **veux** pas aller à la piscine.
Je ne **peux** pas courir aujourd'hui,
j'ai mal au genou !

FAIRE DES PROPOSITIONS

– Tu **veux** travailler avec moi pour l'exposé ?
– **Ça te dit** d'aller à la piscine ?

ACCEPTER UNE PROPOSITION

– Ah oui ! Carrément !
– D'accord ! Pourquoi pas ?

REFUSER UNE PROPOSITION

– Non, je ne **peux** / **veux** pas.
– Si ça ne t'ennuie pas, je **préfère** rester chez moi.

PARLER DE SES PROJETS IMMÉDIATS

Je **vais venir** avec toi.
On **va faire** un tour en ville.

Tu ne **vas** pas **jouer** au scrabble maintenant.
Nous **allons faire** des crêpes chez moi.

PARLER DE L'AVENIR

Je **serai** disponible demain soir.
Dans deux mois, j'**aurai** 16 ans.
Nous **irons** en Grèce aux prochaines vacances.
Tu **finiras** ton exercice demain matin.
Ils **feront** des courses samedi midi.

EXPRIMER LA POSSESSION

– C'est **ton** père ?
– Non, **c'est mon** oncle.

– **Ce sont leurs** baskets ?
– Non, **ce sont nos** baskets.

FAIRE DES COURSES

– Bonjour, vous désirez ?
– Je voudrais une bouteille de lait, s'il vous plaît.

– Je vais prendre aussi une boîte de sardines à l'huile et une douzaine d'œufs.
– Voilà ! Et avec ça ?
– Merci, ça fait combien ?

INDIQUER LA QUANTITÉ

– Bonjour, qu'est-ce qu'il vous faudrait aujourd'hui ?
– **Plein de** choses pour faire un bon gâteau aux pommes. Je vais prendre **1 litre** de lait et **un kilo** de sucre. Je voudrais aussi **1 kg** de farine, **un peu de** beurre et des pommes.
– Vous **en** voulez combien ?
– Des pommes… J'**en** prendrai **2 kg**.

Actes de communication

INVITER QUELQU'UN

– Samedi prochain, on va faire un pique-nique géant. Si tu es libre, tu peux venir faire la fête avec nous ! On t'invite !

Accepter poliment une invitation

– Une fête ? C'est cool, ça ! Merci beaucoup, c'est sympa ! / c'est très gentil !

Refuser poliment une invitation

– Je regrette, mais ça ne va pas être possible…
– Je suis vraiment désolé(e) mais je ne suis pas libre.

PARLER DE SA MAISON

Le canapé du salon est violet foncé.
La table de la salle à manger est en bois.
Il y a une lampe rouge à côté de l'armoire.
La salle de bains est petite.

PARLER DE SA CHAMBRE

Moi, ma chambre, **je l'adore**. Quand on entre, il y a le lit juste **en face** de la porte.
À droite, il y a mon armoire et un grand miroir, **à gauche**, il y a mon bureau et un petit meuble.
J'ai collé des posters sur le mur **à côté de la** fenêtre et plein de photos **derrière** mon lit.

SITUER DANS L'ESPACE

Au milieu du salon… **À côté de** la maison… **Près de** l'arbre… **Au fond du** jardin… **À droite du** garage… **Loin de** la maison… **En face des** montagnes…

RACONTER DES ÉVÉNEMENTS PASSÉS

Hier, je **suis allé(e)** au cinéma.
J'**ai acheté** le journal et des magazines.
Hier après-midi, j'**ai dessiné** dans ma chambre.
Avant-hier, je **suis resté(e)** à la maison et j'**ai préparé** une pizza.
Tu **as mangé** quoi aujourd'hui, à la cantine ?
Il est **parti** tôt **hier matin**.
J'**ai perdu** mon parapluie **ce matin**.
Ils n'**ont** pas **voulu** venir nous voir **hier soir**.
J'**ai été** malade **cette nuit**.

FAIRE DES COMPARAISONS

L'autruche court **plus** vite **que** l'éléphant.
La gazelle court **aussi** vite **que** le lion.
L'hippopotame est **moins** rapide **que** le lion.
L'animal **le plus rapide**, c'est le guépard.
L'animal **le moins rapide**, c'est l'hippopotame.

Lexique plurilingue

Français	Anglais	Espagnol	Portugais	Russe	Arabe
A accrobranche, n. m.	aerial assault course	subida a árboles	trepar às árvores	спортивная акробатика	تسلق على الشجر
accuser	accuse	acusar	acusar	обвинять	اتَّهَمَ
action, n. f.	action	acción	acção	дейсвие	عَمَل
adresser (s')	speak to/address	dirigirse	dirigir-se	обращать(ся)	خاطب
affiche, n. f.	poster	cartel	cartaz	афиша, плакат	إعلان
agir	act	actuar	agir	действовать	تَصَرَّفَ
agréable	pleasant/nice	agradable	agradável	приятный	لطيف
allumer	light/switch on	encender	acender	зажигать	أَشْعَلَ
améliorer	improve	mejorar	melhorar	улучшать	حَسَّنَ
amuser (s')	have fun/enjoy oneself	divertirse	divertir-se	веселить(ся)	تسلى
ancêtre, n. m.	ancestor	antepasado	ancestral	предок	سَلَف
anglophone	English-speaking	anglófono	anglófono	англоязычный	مُتَكَلِّم بالإنجليزية
apprécier	like	apreciar	apreciar	нравиться	استحسن
armoire, n. f.	wardrobe	armario	armário	шкаф	خزانة
atterrissage, n. m.	landing	aterrizaje	aterragem	приземление	هبوط
auditeur, n. m.	listener	auditor	auditor	слушатель	مُسْتَمِع
autorisation, n. f.	authorisation	autorización	autorização	разрешение	رُخْصَة
aventure, n. f.	adventure	aventura	aventura	приключение	مغامرة
aventurier, n. m.	adventurer	aventurero	aventureiro	искатель приключений	مُغامِر
avis, n. m.	opinion/advice	opinión, aviso	opinião	мнение	رأي
B bagarrer (se)	fight/brawl	pelearse	bater-se	драться	تشاجر
baleine, n. f.	whale	ballena	baleia	кит	حوت
banquise, n. f.	pack ice	banco de hielo	banco de gelo	припай	جليد طاف
bibliothèque, n. f.	library	biblioteca	biblioteca	библиотека	مكتبة
botte, n. f.	boot	bota	bota	сапог	جزمة
bougie, n. f.	candle	vela	vela	свеча	شمعة
bowling, n. m.	bowling/bowling alley	bolos	bowling	боулинг	بولينغ
bureau, n. m.	office/desk	oficina	secretária	письменный стол, офис	مكتب
C cabane, n. f.	hut	cabaña	cabana	хижина	كوخ
canapé, n. m.	sofa/settee	sofá	sofá	диван	كنبة
cantine, n. f.	canteen	comedor	cantina	столовая	مطعم (مدرسي)
caractère, n. m.	character	carácter	carácter	характер	طَبْع
carnaval, n. m.	carnival	carnaval	Carnaval	карнавал	مهرجان
carré	square	cuadrado	quadrado	квадратный	مُرَبَّع
carrefour, n. m.	crossroads/junction	cruce	cruzamento	перекресток	تَقاطُع
carton, n. m.	cardboard/cardboard box	caja de cartón	cartão	картон, коробка	كرتونة
cassette, n. f.	tape	casete	cassete	кассета	شريط مسجل
cause, n. f.	cause/reason	causa	causa	причина	سبب
cave, n. f.	cellar	bodega	cava	погреб	كهف
chambre, n. f.	bedroom	habitación	quarto	комната	غرفة
champs, n. m.	fields/countryside	campo	campo	поле	حقل
chance, n. f.	luck/chance	suerte	sorte	удача	حظ
chargeur, n. m.	charger/loader	cargador	carregador	подзарядное устройство	شاحن
chaussure, n. f.	shoe	zapato	sapato	обувь	حذاء
chemin, n. m.	track/country road	camino	caminho	тропа, дорога	طريق
cheminée, n. f.	chimney/fireplace	chimenea	chaminé	дымоход, камин	مدخنة
circuit, n. m.	circuit/tour	circuito	circuito	маршрут, пробег	دورة
citoyen, n. m.	citizen	ciudadano	cidadão	гражданин	مواطن
clé, n. f.	key	llave	chave	ключ	مفتاح
climat, n. m.	climate	clima	clima	климат	مناخ
collection, n. m.	collection	colección	colecção	коллекция	تشكيلة
communiquer	communicate	comunicar	comunicar	сообщать	أَبْلَغَ
comportement, n. m.	behaviour	comportamiento	comportamento	поведение	سلوك
conséquence, n. f.	consequence	consecuencia	consequência	последствие	نتيجة
consolider	consolidate	consolidar	consolidar	укреплять	عَزَّزَ
consommer	consume (eat/drink)	consumir	consumir	употреблять	استهلك

Lexique plurilingue

Français	Anglais	Espagnol	Portugais	Russe	Arabe
construire	build/construct	construir	construir	строить	شيّد
coquillage, n. m.	shell	marisco	concha	ракушка	قوقعة
cosmétique	cosmetic	cosmético	cosmética	косметический	مستحضرات تجميل
costume, n. m.	suit	vestido, traje	fato	костюм	بدلة
couloir, n. m.	corridor	pasillo	corredor	коридор	رواق
couple, n. m.	couple/pair	pareja	casal	пара	زوج
courageux	brave	valiente	corajoso	смелый	شجاع
coûter	cost	costar	custar	стоить	كلّف
covoiturage, n. m.	car pool (car sharing)	compartir coche	coviaturagem	совместная поездка автомобилем	سفر مشترك بالسيارة
crabe, n. m.	crab	cangrejo	caranguejo	краб	سلطعون
créer	create	crear	criar	творить	أنشأ
croiser	cross/meet	cruzar	cruzar	скрещивать	لاقى

D

Français	Anglais	Espagnol	Portugais	Russe	Arabe
dangereux	dangerous	peligroso	perigoso	опасный	خطير
déchet, n. m.	waste	residuo	resíduo	отбросы	نفاية
décoration, n. f.	decoration	decoración	decoração	декорация	تزيين
décorer	decorate	decorar	decorar	декорировать, украшать	زَيّن
décrire	describe	describir	descrever	описывать	وَصَف
défaut, n. m.	fault/defect	defecto	defeito	недостаток	خلل
défilé, n. m.	parade/fashion show	desfile	desfile	парад, шествие	استعراض
déguiser	disguise	disfrazar	fantasiar	переодевать, наряжать	قنّع
délégué de classe, n. m.	class representative	delegado de clase	delegado de turma	староста класса	مندوب القسم
dénoncer	denounce	denunciar	denunciar	изобличать, доносить	فَضَح
dent, n. f.	tooth	diente	dente	зуб	سِنّ (ضِرس)
déplacer	move	desplazar	deslocar	переместить	تنقّل
déranger	disturb	molestar	perturbar	побеспокоить	أزعَج
descendre	go down/take down	descender	descer	спустить(ся)	نَزَل
détruire	destroy	destruir	destruir	уничтожить	حطّم
développer	develop	desarrollar	desenvolver	развивать	طوّر
deviner	guess	adivinar	adivinhar	угадывать	خمّن
directeur, n. m.	director/headmaster	director	director	директор	مدير
discussion, n. f.	discussion	debate, discusión	discussão	разговор	نقاش
disparaître	disappear	desaparecer	desaparecer	исчезать	اختفى
divertir	entertain	divertir	divertir	развлекать	سلّى
divinité, n. f.	divinity	divinidad	divindade	божество	ألوهية
dos, n. m.	back	espalda	costas	спина	ظهر
douceur	gentleness/softness	suavidad	suavidade	мягкость	لطافة
douche, n. f.	shower	ducha	duche	душ	دوش
droite	right	derecha	direita	право	يمين
drôle	funny/amusing	divertido	engraçado	смешной	مضحك
durable	durable	duradero, sostenible	duradouro	устойчивый	مُستدام

E

Français	Anglais	Espagnol	Portugais	Russe	Arabe
eau, n. f.	water	agua	água	вода	ماء
échange, n. m.	exchange	intercambio	troca	обмен	تبادل
écologie, n. f.	ecology	ecología	ecologia	экология	علم البيئة
écologique	ecological	ecológico	ecológico	экологический	بيئي
éco-geste, n. m.	ecological initiative/action	gesto ecológico	eco-gesto	эко-жест, эко-действие	أعمال صديقة للبيئة
économiser	save/economise	ahorrar	economizar	экономить, сберегать	يَقتصد
électricité, n. f.	electricity	electricidad	electricidade	электричество	كهرباء
éléphant, n. m.	elephant	elefante	elefante	слон	فيل
emballage, n. m.	packaging	embalaje	embalagem	упаковка	تغليف
émission, n. f.	programme/broadcast	emisión	emissão	передача	برنامج (تلفزيوني)
emprunter	borrow	pedir o tomar prestado	emprestar	занимать	استلف
énergie, n. f.	energy	energía	energia	энергия	طاقة
enregistrer	record	guardar, registrar	registar	записывать на плёнку	سجّل
entreprise, n. f.	business/company	empresa	empresa	предприятие	شركة

cent un

Lexique plurilingue

Français	Anglais	Espagnol	Portugais	Russe	Arabe
environnement, n. m.	environment	medio ambiente, entorno	ambiente	окружающая среда	بيئة
envoyer	send	enviar	enviar	посыпать	أَرْسَلَ
époque, n. f.	era	época	época	эпоха	زَمَنْ
équipe, n. f.	team	equipo	equipa	команда	فريق
escalade, n. f.	climbing	escalada	escalada	спортивное восхождение	تَسَلُّق
escalier, n. m.	staircase/stairs	escalera	escada	ступени, лестница	سُلَّم
espace, n. m.	space	espacio	espaço	пространство	فضاء
espèce, n. f.	species/kind	especie	espécie	вид	نوع
espérer	hope	esperar	esperar	надеяться	أَمَل
essayer	try	probar	tentar	пробовать	حاول
établissement, n. m.	establishment/organisation	establecimiento	estabelecimento	учреждение	مؤسسة
étoile	star	estrella	estrela	звезда	نجمة
étonner (s')	be surprised	sorprenderse	admirar-se	удивлять(ся)	اندهش
événement, n. m.	event	evento, acontecimiento	acontecimento	событие	حَدَث
éviter	avoid/prevent	evitar	evitar	избегать	تَجَنَّب
expérience, n. f.	experience/experiment	experiencia	experiência	опыт	تجربة
explorateur, n. m.	explorer	explorador	explorador	исследователь, путешественник	مستكشف
exposition, n. f.	exhibition	exposición	exposição	выставка	معرض
fabriquer	make/manufacture	fabricar	fabricar	изготовлять	صَنَع
fée, n. f.	fairy	hada	fada	фея	جِنِّيَّة
feu d'artifice, n. m.	firework	fuegos artificiales	fogo de artifício	салют	ألعاب نارية
feuille, n. f.	leaf/sheet/page	hoja	folha	лист	ورقة
fiche, n. f.	card/form	ficha	ficha	карточка (учётная)	جذاذة
forum, n. m.	forum	foro	fórum	форум	منتدى
francophile	francophile	francófilo	francófilo	франкофил	شغوف بالفرنسية
francophone	French-speaking	francófono	francófono	франкофон	متكلم بالفرنسية
gastronomie, n. f.	gastronomy/haute cuisine	gastronomía	gastronomia	гастрономия	فن الأكل
gauche	left	izquierda	esquerda	лево	يسار
géant, n. m.	giant	gigante	gigante	великан	عملاق
geler	freeze	congelar, helar	gelar	замораживать	جَمَّد
généreux	generous	generoso	generoso	щедрый	سَخِيّ
geste, n. m.	gesture/act	gesto	gesto	жест	حركة
gorille, n. m.	gorilla	gorila	gorila	горилла	غوريلا
gourmand	greedy/food-loving	goloso	guloso	гурман	أكول
graisse, n. f.	fat	grasa	gordura	жир	شحم
gratuit	free	gratuito	gratuito	бесплатный	مجاني
grenier, n. m.	attic/loft	granero, desván	sótão	чердак	مخزن الغلال
gymnase, n. m.	gymnasium/lower secondary school	gimnasio	ginásio	гимназия	قاعة الرياضة
habitude	habit	costumbre	hábito	привычка	عادة
horreur	horror/dislike	horror	horror	ужас	رعب
idéal	ideal	ideal	ideal	идеал	مثالي
idée	idea	idea	ideia	идея	فكرة
identique	identical	idéntico	idêntico	одинаковый	مشابه
île, n. f.	island	isla	ilha	остров	جزيرة
impact, n. m.	impact	impacto	impacto	воздействие	أثر
impressionnant	impressive	impresionante	impressionante	впечатляющий	مذهل
incendie, n. m.	fire	incendio	incêndio	пожар	حريق
incident, n. m.	incident	incidente	incidente	происшествие	حادث
indice, n. m.	sign/clue/index	indicio, pista	índice	знак	مؤشر
indiquer	indicate/point out	indicar	indicar	указывать	يبين
infirmerie, n. f.	infirmary/first-aid room	enfermería	infirmaria	медпункт	قاعة العناية الطبية
influence, n. f.	influence	influencia	influência	влияние	تأثير
informatique	computing/IT	informática	informática	относящийся к информатике	معلوماتية

Lexique plurilingue

Français	Anglais	Espagnol	Portugais	Russe	Arabe
initiative, n. f.	initiative	iniciativa	iniciativa	инициатива	مبادرة
inscription, n. f.	enrolment/registration	inscripción	inscrição	запись	تسجيل
inscrire	enrol/register	inscribir	inscrever	записывать	سجّل
inscrire (s')	enrol/register	registrarse, inscribirse	inscrever-se	записываться	سجّل نفسه
insecte, n. m.	insect	insecto	insecto	насекомое	حشرة
insolite	unusual/strange	insólito	insólito	чрезвычайный, необычный	غير عادٍ
intéresser (s')	be interested in	interesarse	interessar-se	интересовать(ся)	اهتم بـ
interdiction, n. f.	ban/prohibition	prohibición	proibição	запрет	مَنْع
interview, n. f.	interview	entrevista	entrevista	интервью	حوار
inventer	invent	inventar	inventar	изобретать	اخترع
itinéraire, n. m.	route/itinerary	itinerario	itinerário	маршрут	مسار
J jetable	disposable	desechable	descartável	одноразовый	أحادي الاستعمال
jeter	throw	tirar, arrojar	deitar fora	выбрасывать	رَمَى
jeu de société, n. m.	board game	juego de mesa	jogo de sociedade	настольная игра	لعبة تثقيفية
journal, n. m.	newspaper	periódico	jornal	газета	جريدة
journaliste, n. m.	journalist	periodista	jornalista	журналист	صحفي
justifier	justify/explain	justificar	justificar	оправдывать, обосновывать	برّر
K kilo, n. m.	kilogram	kilo	quilo	килограмм	كيلوغرام
L lancer	throw/launch	lanzar	lançar	бросать	رمى
légende, n. f.	legend/key	leyenda	lenda	легенда	مفتاح المصطلحات (خريطة)
légume, n. m.	vegetable	verdura	legume	овощ	خضار
lever	raise/lift	levantar	levantar	вставать, поднимать	رفع
lèvre, n. f.	lip	labio	lábio	губа	شفة
lieu, n. m.	place	lugar	lugar	место	مكان
lit, n. m.	bed	cama	cama	кровать	فراش
localisation, n. f.	location	localización	localização	местонахождение	تحديد الموقع
M mammifère, n. m.	mammal	mamífero	mamífero	млекопитающие	ثديي
manifestation, n. f.	demonstration/event	manifestación, acto	manifestação	мероприятие, манифестация	مظاهرة
manteau, n. m.	coat	abrigo	casaco	пальто	معطف
marin	marine/maritime	marino	marinho	морской	بحري
marron	brown	marrón, castaña	castanho	коричневый	بنّي
maximum, n. m.	maximum	máximo	máximo	максимум	أقصى
mécontent	dissatisfied	descontento	descontente	недовольный	غاضب
médecin, n. m.	doctor	médico	médico	врач	طبيب
menacer	threaten	amenazar	ameaçar	угрожать	هدّد
merveilleux	marvellous/wonderful	maravilloso	maravilho	чудесный	رائع
météo, n. f.	weather forecast	meteorología	meteorologia	погода	أحوال الطقس
métro, n. m.	underground (train system)	metro	metro	метро	مترو
meuble, n. m.	furniture (piece of)	mueble	móvel	мебель	أثاث
micro, n. m.	microphone/PC	micro	micro	микрофон	مايكروفون
mimer	mime/mimic	imitar	mimar	изображать мимикой	قلّد
miroir, n. m.	mirror	espejo	espelho	зеркало	مرآة
moderne	modern	moderno	moderno	современный	عصري
monstre, n. m.	monster	monstruo	monstro	чудовище	وحش
montagne, n. f.	mountain	montaña	montanha	гора	جبل
mort	dead	muerte	morte	мёртвый	موت
moto, n. f.	motorbike	moto	mota	мотоцикл	دراجة نارية
musée, n. m.	museum	museo	museu	музей	متحف
mystère, n. m.	mystery	misterio	mistério	загадка	غموض

cent trois

Lexique plurilingue

Français	Anglais	Espagnol	Portugais	Russe	Arabe
N nature, n. f.	nature	naturaleza	natureza	природа	طبيعة
neige, n. f.	snow	nieve	neve	снег	ثلج
nier	deny	negar	negar	отрицать	أَنْكَرَ
O océan, n. m.	ocean	océano	oceano	океан	محيط
odeur, n. f.	smell/odour	olor	odor	запах	رائحة
œil, n. m.	eye	ojo	olho	глаз	عين
œuvre, n. f.	work	obra	obra	творение, работа	صَنْعَة
oiseau, n. m.	bird	pájaro	pássaro	птица	طير
opinion, n. f.	opinion	opinión	opinião	мнение	رأي
ordinateur, n. m.	computer	ordenador	computador	компьютер	حاسوب
ordre, n. m.	order	orden	ordem	приказ	أمر
orgueilleux	proud/arrogant	orgulloso	orgulhoso	гордый	متغطرس
oser	dare	atreverse	ousar	осмеливаться	تَجَرَّأَ
ours, n. m.	bear	oso	urso	медведь	دب
P panda, n. m.	panda	panda	panda	панда	باندا
paraître	appear	parecer	parecer	казаться	بدا
parapluie, n. m.	umbrella	paraguas	guarda-chuva	зонтик	مظلة
parfum, n. m.	perfume/fragrance	perfume	perfume	духи, запах	عطر
partager	share	compartir	partilhar	делить	تقاسم
peau, n. f.	skin/hide	piel	pele	кожа	بَشَرَة
pêche, n. f.	fishing	pesca	pêssego	рыбная ловля	صيد
perdre	lose	perder	perder	терять	فَقَدَ
permanence, n. f.	study room	sala de estudio	ATL	класс для самостоятельных занятий	مداومة
pétard, n. m.	banger	petardo	petardo	петарда	مفرقعة
peureux	fearful	miedoso	medricas	пугливый	خائف
physique, n. m.	physics	físico(-a)	físico	внешность	فيزياء
place, n. f.	square	plaza	lugar	место, площадь	ساحة
plage, n. f.	beach	playa	praia	пляж	شاطئ
plaindre	pity/feel sorry for	compadecer	queixar-se	жалеть	اشتكى
plan, n. m.	plan/map	plan, plano, mapa	plano	план	خريطة
planète, n. f.	planet	planeta	planeta	планета	كوكب
plante, n. f.	plant	planta	planta	растение	نبتة
plastique, n. m.	plastic	plástico	plástico	пластмасса	بلاستيك
pluie, n. f.	rain	lluvia	chuva	дождь	مطر
plume, n. f.	feather	pluma	pena	перо	ريشة
poil, n. m.	hair/beard	pelo	pêlo	волос, шерсть	شَعْر
poisson, n. m.	fish	pez, pescado	peixe	рыба	سمك
polaire	polar	polar	polar	полярный	قطبي
poli	polished/polite	pulido, educado	educado	полированый, вежливый	مؤدب/مصقول
polluer	pollute	contaminar	poluir	загрязнять	لوّث
pollution, n. f.	pollution	contaminación	poluição	загрязнение окружающей среды	تلوّث
portrait, n. m.	portrait	retrato	retrato	портрет	بورتريه
posséder	own/possess	poseer	possuir	обладать	امتلك
poubelle, n. f.	bin	cubo de la basura	caixote de lixo	мусорник	مزبلة
pouce, n. m.	thumb/inch	pulgar	polegar	большой палец	إبهام
pourboire, n. m.	tip	propina	gorjeta	чаевые	بقشيش
préférence, n. f.	preference	preferencia	preferência	предпочтение	تفضيل
préférer	prefer	preferir	preferir	предпочитать	فَضَّلَ
préhistorique	prehistoric	prehistórico	pré-histórico	доисторический	ما قبل التاريخ
présentateur, n. m.	presenter	presentador	apresentador	ведущий	مُقدِّم
prétentieux	pretentious	pretencioso	pretensioso	вычурный	مغرور
princesse, n. f.	princess	princesa	princesa	принцесса	أميرة
prix, n. m.	price	precio, premio	preço	цена	ثمن
produit, n. m.	product	producto	produto	продукт	منتج
profil, n. m.	profile	perfil	perfil	профиль	مؤهّلات/منظر جانبي
programme, n. m.	programme/program	programa	programa	программа	برنامج
projet, n. m.	project/plan	proyecto	projecto	проэкт	مشروع

Lexique plurilingue

Français	Anglais	Espagnol	Portugais	Russe	Arabe
promettre	promise	prometer	prometer	обещать	وَعَدَ
propre	clean	limpio	limpo	чистый	نظيف
protéger	protect	proteger	proteger	оберегать	حَمَى

Q
quotidien, n. m.	daily	diario	diário	ежедневное издание, будни	حياة يومية

R
radin	mean/stingy	rácano	avarento	скупой	بخيل
râleur	moaner	gruñón	queixoso	ворчун	متذمِّر دائما
rallye, n. m.	rally	rally	rally	ралли	سباق
rassembler	assemble/gather together	reunir	juntar	объединять	جَمَعَ
réagir	react	reaccionar	reagir	реагировать	تَفَاعَلَ
réaliser	perform/fulfil/implement	realizar	realizar	воплощать в жизнь	أنجز
récent	recent	reciente	recente	недавний	جديد
réchauffement, n. m.	warming	recalentamiento	aquecimento	потепление	تسخين
recyclable	recyclable	reciclable	reciclável	для переработки, повторного использования	قابل لإعادة التصنيع
recyclage, n. m.	recycling	reciclaje	reciclagem	переработка	إعادة تصنيع
recycler	recycle	reciclar	reciclar	перерабатывать, повторно использовать	أعاد تصنيع
réduire	reduce	reducir	reduzir	уменьшать	قلَّصَ
réemploi, n. m.	re-use	reutilización	reutilização	повторное употребление	إعادة استعمال
réfléchir	reflect	reflexionar	reflectir	думать, отражать	فكَّرَ
refuser	refuse	rechazar	recusar	отказывать	رَفَضَ
remplir	fill/fulfil	llenar, rellenar	preencher	заполнять	عبَّأ
reposer	rest	descansar, volver a poner	repousar	отдыхать	استراح
reprocher	blame/reproach	reprochar	queixar-se	нарекать	لام
réputation, n. f.	reputation	reputación	fama	репутация	سمعة
requin, n. m.	shark	tiburón	tubarão	акула	قرش
réseaux sociaux, n. m. pl.	social networks	redes sociales	redes sociais	социальные сети	شبكات اجتماعية
respecter	respect	respetar	respeitar	уважать	احترم
respirer	breathe	respirar	respirar	дышать	تنفَّس
responsable	responsible	responsable	responsável	ответственный	مسئول
ressembler	resemble	parecerse	parecer-se com	походить	أشبَهَ
résumer	summarise/sum up	resumir	resumir	подводить итоги	لخَّص
réutilisable	re-usable	reutilizable	reutilizável	повторного употребления	لخَّص
réutiliser	re-use	reutilizar	reutilizar	повторно употреблять	أعاد استعمال
rivière, n. f.	river	río	rio	река	نهر
roi, n. m.	king	rey	rei	король	ملك
rollers, n. m. pl.	rollerblades	patines	patins	ролики	زلاجات
romantique	romantic	romántico	romântico	романтический	رومانسي
royaume, n. m.	kingdom	reino	reino	королевство	مملكة

S
salon, n. m.	living room/exhibition	salón	salão	зал, гостевая, выставка	غرفة الضيوف
sapin, n. m.	fir tree	abeto	pinheiro	сосна	تنّوب
saumon, n. m.	salmon	salmón	salmão	лосось	سلمون
sauvage	wild	salvaje	selvagem	дикий	متوحش
sauver	save/rescue	salvar	salvar	спасать	أنقذ
science, n. f.	science	ciencia	ciência	наука	علم
sculpture, n. f.	sculpture	escultura	escultura	скульптура	منحوتة
se promener	walk around	pasearse	passear	прогуливаться	تجوَّل
sécheresse, n. f.	drought/dryness	sequía	secura	засуха	جفاف
secrétariat, n. m.	secretarial office	secretaría	secretariado	секретариат	سكرتارية
sérieux	serious/important	serio	sério	серьёзный	جدِّي
siècle, n. m.	century	siglo	século	век, столетие	قَرْن
site touristique n. m.	tourist attraction	sitio turístico	local turístico	туристическое место	قرْن
ski, n. m.	ski	esquí	esqui	лыжи	تزلج على الجليد

Lexique plurilingue

Français	Anglais	Espagnol	Portugais	Russe	Arabe
slogan, n. m.	slogan	eslogan	slogan	лозунг	شعار
solution, n. f.	solution	solución	solução	решение	حل
sondage, n. m.	poll/survey	sondeo	sondagem	опрос	سبر آراء
souhaiter	wish/hope for	desear, querer	desejar	желать	تمنّى
stéréotype, n. m.	stereotype	estereotipo	estereotipo	стереотип	صورة نمطية
surveillant, n. m.	supervisor	vigilante	vigilante	надзиратель	مُراقِبْ
T tard	late	tarde	tarde	поздно	متأخر
témoignage, n. m.	account/evidence	testimonio	testemunha	свидетельство	إدلاء بشَهَادَة
terrasse, n. f.	terrace/balcony	terraza	terraço	терраса	شرفة
terrien, n. m.	landowner	rural	terreno	замлянин	صاحب أراض
tigre, n. m.	tiger	tigre	tigre	тигр	نمر
timide	shy/timid	tímido	tímido	застенчивый	خجول
tonne, n. f.	ton	tonelada	tonelada	тонна	طن
tour, n. f.	tower	torre	torre	тур	برج
touriste, n. m.	tourist	turista	turista	турист	سائح
tradition, n. f.	tradition	tradición	tradição	традиция	تقليد
trait, n. m.	feature/line	trazo, rasgo	traço	черта	خط
transmettre	transmit	transmitir	transmitir	передавать	بَلَغَ
tri, n. m.	sorting	clasificación, selección	selecção	сортировка, отбор	فرز
trier	sort	seleccionar	seleccionar	сортировать	فرز
U uniforme, n. m.	uniform	uniforme	uniforme	униформа	زي
usine, n. f.	factory	fábrica	fábrica	завод	مصنع
V vérité, n. f.	truth	verdad	verdade	правда	حقيقة
vice-versa	vice-versa	viceversa	vice-versa	наоборот	العكس صحيح
victime, n. f.	victim	víctima	vítima	жертва	ضحية
visiter	visit	visitar	visitar	посещать	زَارَ

Références iconographiques :
Couverture (bm) : Carmen MartÍnez BanÚs/GettyImages ; **Couverture (hm) :** Hero Images/Corbis ; **Couverture (mm) :** vitaliy_melnik-Fotolia.com ; **7 (bg) :** Hill Street Studios/GettyImages ; **9 :** Hill Street Studios/GettyImages ; **9 (a) :** Zero Creatives/Image Source/Photononstop ; **9 (b) :** CSP_dotshock – www.agefotostock.com ; **9 (c) :** John Birdsall Photography – www.agefotostock.com ; **9 (d) :** Chris Clinton/GettyImages ; **9 (f) :** Aflo – www.agefotostock.com ; **9 (h) :** Dean Berry/GettyImages ; **9 (i) :** Johner Image/GettyImages ; **9 (j) :** Alistair Berg/GettyImages ; **11 :** Johann Frank – Fotolia.com ; **11 :** Finst – Fotolia.com ; **11 :** Bill Anastasiou – Fotolia.com ; **11 :** Africa Studio – Fotolia.com ; **11 :** iv22 – Fotolia.com ; **11 :** Viorel Sima – Fotolia.com ; **11 :** emer – Fotolia.com ; **11 :** Image Source – www.agefotostock.com ; **11 :** Hola Images – www.agefotostock.com ; **11 :** Tommy Abad – www.agefotostock.com ; **11 :** Rainer Holz – www.agefotostock.com ; **11 :** ots-photo – Fotolia.com ; **11 :** Henry Ruggeri/Corbis ; **12 :** Antenna – www.agefotostock.com ; **13 :** Antenna – www.agefotostock.com ; **13 :** Antenna – www.agefotostock.com ; **13 :** Julie Weiss/GettyImages ; **13 :** Photodisc/GettyImages ; **13 :** Robert Daly/GettyImages ; **16 (1) :** ollrg – IstockPhoto ; **16 (2) :** buburuzaproductions – IstockPhoto ; **16 (3) :** katatonia – Fotolia.com ; **16 (4) :** jenifoto – IstockPhoto ; **17 :** ots-photo – Fotolia.com ; **17 (b1-b2-b3) :** acilo – IstockPhoto ; **17 :** © www.education.gouv.fr – Ministère chargé de l'éducation nationale – DR ; **18 :** 14ktgold – Fotolia.com ; **18 :** Dogs – Fotolia.com ; **18 :** ilike – Fotolia.com ; **18 :** timonko – Fotolia.com ; **18 :** Dennis O'Clair/GettyImages ; **18 :** Jetta Productions/Walter Hodges/GettyImages ; **18 :** ArtMarie/GettyImages ; **18 :** Marlene Ford/GettyImages ; **20 :** Toby Canham/Getty Images/AFP ; **20 :** Thomas Imo/Photothek via Getty Images/AFP ; **20 :** Henry Ruggeri/Corbis ; **20 :** D. Clarke Evans/GettyImages ; **20 :** Mondadori Portfolio/GettyImages ; **20 :** Julien Hekimian/GettyImages ; **22 (b) :** aline Caldwell – Fotolia.com ; **22 :** UygarGeographic/GettyImages ; **22 :** Christopher Dodge – Fotolia.com ; **22 :** Jacques Palut – Fotolia.com ; **22 :** blickwinkel2511 – Fotolia.com ; **23 :** maglara – Fotolia.com ; **23 :** UygarGeographic/GettyImages ; **23 :** ByeByeTokyo/GettyImages ; **24 (bd-bg-hd-hg) :** Mermet/Photononstop ; **26 (a) :** Sécurité Routière ; **26 (b) :** Christophe Lehenaff/Photononstop ; **26 (c) :** fontina/GettyImages ; **27 :** Carmen Martínez Banús/GettyImages ; **28 :** fhphotographie – Fotolia.com ; **28 :** Amanda Hall/Robertharding/GettyImages ; **28 :** Nicolas Thibaut/GettyImages ; **28 :** shishic/IstockPhoto ; **28 :** zodebala/IstockPhoto ; **28 :** tupungato/IstockPhoto ; **31 :** Christophe Fouquin – Fotolia.com ; **31 :** Nadine Haase – Fotolia.com ; **31 :** mrisv – Fotolia.com ; **33 :** corinne matusiak – Fotolia.com ; **33 :** michaeljung – Fotolia.com ; **33 :** jc_studio – Fotolia.com ; **35 :** Jupiterimages/GettyImages ; **37 :** anna_shepulova – Fotolia.com ; **37 :** jc_studio – Fotolia.com ; **37 :** Paulista – Fotolia.com ; **38 (1) :** Hervé de Gueltzl/Photononstop ; **38 (2) :** uzhursky – Fotolia.com ; **38 (3) :** Bikeworldtravel – Fotolia.com ; **38 (6) :** Brad Pict – Fotolia.com ; **38 (7) :** bepsphoto – Fotolia.com ; **38 (8) :** monregard – Fotolia.com ; **39 (4) :** corinne matusiak – Fotolia.com ; **39 (5) :** Melica – Fotolia.com ; **39 (bg) :** Owen Franken/Corbis ; **42 :** Eléonore H – Fotolia.com ; **42 :** michaeljung – Fotolia.com ; **42 :** goodluz – Fotolia.com ; **42 :** Vasily Merkushev – Fotolia.com ; **43 :** Klaus Tiedge/Corbis ; **43 (mg) :** Guylain Doyle/GettyImages ; **44 :** Klaus Tiedge/Corbis ; **47 :** Aliaksei Kaponia – Fotolia.com ; **47 :** contrastwerkstatt – Fotolia.com ; **47 :** Diego Cervo – Fotolia.com ; **47 :** BillionPhotos.com – Fotolia.com ; **47 :** pixelheadphoto – Fotolia.com ; **48 (bd) :** Ton Koene – AgeFsotostock ; **48 (bg) :** scaliger – Fotolia.com ; **48 (hd) :** Cultura RM Exclusive/Floresco Productions/GettyImages ; **48 (md) :** B2M Productions/GettyImages ; **48 (mg) :** Nicolas Thibaut/Photononstop ; **48 :** Guylain Doyle/GettyImages ; **49 :** Jean-Paul Comparin – Fotolia.com ; **52 :** ostap25 – Foto ia.com ; **55 :** Hill Street Studios – www.agefotostock.com ; **55 :** « Promenons nous dans les bois », 2015 – Real : Rob Marshall, Lilla Crawford – Collection Christophel © 2013 Disney Enterprises/DR – Photo Peter Mountain ; **55 :** Hervé Gyssels / Photononstop ; **60 :** « Le Petit Chaperon Rouge » d'après Charles Perrault, illustré par Christian Roux © Seuil Jeunesse ; **60 :** « Les Trois Mousquetaires » d'Alexandre Dumas, illustration : Virginie Berthmet © Flammarion ; **60 :** « Notre-Dame de Paris – intégrale », Benjamin Lacombe © Éditions Soleil – 2013 ; **60 :** La Fontaine, Fables « Les classiques de poche » © Le livre de poche ; **60 :** Antoine de Saint-Exupéry, « Le Petit Prince » (Collections « Hors-série Littérature ») avec des aquarelles de l'auteur © Éditions Gallimard ; **60 :** Jules Verne, « Le tour du monde en 80 jours », illustration de couverture : Manchu © Le livre de poche jeunesse, 2015 ; **61 :** « Promenons nous dans les bois », 2015 – Real : Rob Marshall, Lilla Crawford – Collection Christophel © 2013 Disney Enterprises/DR – Photo Peter Mountain ; **61 :** « Les trois mousquetaires 3D », 2011 – Real : Paul W S Anderson, Logan Lerman, Matthew Macfadyen, Ray Stevenson, Luke Evans – Collection Christophel ; **61 :** « Le Petit Prince », 2015 – Real : Mark Osborne. Collection Christophel © 2014 LPPTV/Little Princess/ON Entertainment/Orange Studio/M6 Films ; **61 (hd) :** Hervé Gyssels/Photononstop ; **64 :** Hill Street Studios – www.agefotostock.com ; **65 :** rcfoteck – Fotolia.com ; **65 :** gani_dteurope – Fotolia.com ; **65 :** arsdigital – Fotolia.com ; **65 :** K.-U. Häßler – Fotolia.com ; **65 :** mgkuijpers – Fotolia.com ; **65 :** issalina – Fotolia.com ; **65 :** Deymos.HR – Fotolia.com ; **65 :** Iuliia Sokolovska – Fotolia.com ; **65 :** vadimdem – Fotolia.com ; **65 :** aussieanouk – Fotolia.com ; **65 :** Patrick Foto – Fotolia.com ; **65 :** digi_dresden – Fotolia.com ; **65 :** merydolla – Fotolia.com ; **65 :** GKor – Fotolia.com ; **65 :** EcoView – Fotolia.com ; **65 :** Sami Sarkis/GettyImage/© Compagnie Eiffage du Viaduc de Millau ; **65 :** Carola G. – Fotolia.com ; **65 :** arsdigital – Fotolia.com ; **66 :** GKor – Fotolia.com ; **66 :** Xaver Klaussner – Fotolia.com ; **66 :** Crédits : J Dennis Nigel/GettyImages ; **66 :** Jamie Friedland/GettyImages ; **67 :** Alta Oosthuizen – Fotolia.com ; **67 :** 169169 – Fotolia.com ; **67 :** EcoView – Fotolia.com ; **67 :** Nadine Haase – Fotolia.com ; **67 :** photobar – Fotolia.com ; **67 :** Duncan Noakes – Fotolia.com ; **67 :** Kim Wolhuter/GettyImages ; **67 :** Pete Walentin/GettyImages ; **70 :** Danièle Schneider/Photononstop ; **70 (bd) :** pedrosala – Fotolia.com ; **70 (bg) :** Photo Passion – Fotolia.com ; **70 (hd) :** Philippe Turpin/Photononstop/© pyramide du Louvre, archi.I.M.Pei, musée du Louvre ; **70 (md) :** Sami Sarkis/GettyImage/© Compagnie Eiffage du Viaduc de Millau ; **70 (mg) :** Lionel Fristot – Fotolia.com ; **71 :** Carola G. – Fotolia.com ; **71 :** Eurotunnel ; **72 :** Hero/Fancy / Photononstop ; **73 :** Jearu – Fotolia.com ; **73 :** Patrick – Fotoila.com ; **73 :** flas100 – Fotolia.com ; **73 :** silver-john – Fotolia.com ; **74 :** Syda Productions – Fotolia.com ; **74 :** MP/Leemage ; **75 (a) :** Lsantilli – Fotolia.com ; **75 (b) :** Jacques Loic/Photononstop ; **75 (c) :** Jutta Klee/GettyImages ; **75 (d) :** anyaberkut – Fotolia.com ; **76 :** Suzanne Tucker – Shutterstock.com ; **76 :** kkbunker – IstockPhoto ; **76 :** markrhiggins – IstockPhoto ; **76 :** VisualCommunications – IstockPhoto ; **77 :** Zero Creatives/Image Source/Photononstop ; **77 :** Hill Street Studios/GettyImages ; **78 :** Antenna – www.agefotostock.com ; **80 :** Mermet/Photononstop ; **80 :** UygarGeographic/GettyImages ; **83 :** anna_shepulova – Fotolia.com ; **83 :** jc_studio – Fotolia.com ; **83 :** Paulista – Fotolia.com ; **83 :** Klaus Tiedge/Corbis ; **85 :** Xaver Klaussner – Fotolia.com

Référence du texte :
58-85 : « Déjeuner du matin » de Jacques Prévert, in *Paroles* 1945 © Éditions Gallimard

Carte : GéoAtlas/GraphiOgre

DR : Malgré nos efforts, il nous a été impossible de joindre certains photographes ou leurs ayants droit, ainsi que les éditeurs ou leur ayants droit pour certains documents afin de solliciter l'autorisation de reproduction, mais nous avons naturellement réservé en notre comptabilité des droits usuels.

Édition : Elena Moreno, Audrey Adida, Alexandra Prodromides ;
Conception graphique de la couverture : Joëlle Parreau ;
Adaptation de la maquette intérieure : Joëlle Parreau ;
Mise en page : MARSE ;
Illustrations : Jaume Bosch, Ángel Sánchez Trigo, Clara Soriano, Bea Tormo, Zoográfico ;
Iconographe : Aurélia Galicher ;
Enregistrements, montage et mixage : Olivier Ledoux (Studio EURODVD) ;
DVD : INIT Productions.

  éditions didier s'engage pour l'environnement en réduisant l'empreinte carbone de ses livres. Celle de cet exemplaire est de : 500 g éq. CO₂ Rendez-vous sur www.editionsdidier-durable.fr

« Le photocopillage, c'est l'usage abusif et collectif de la photocopie sans autorisation des auteurs et des éditeurs. Largement répandu dans les établissements d'enseignement, le photocopillage menace l'avenir du livre, car il met en danger son équilibre économique. Il prive les auteurs d'une juste rémunération. En dehors de l'usage privé du copiste, toute reproduction totale ou partielle de cet ouvrage est interdite. La loi du 11 mars 1957 n'autorisant, au terme des alinéas 2 et 3 de l'article 41, d'une part, que les copies ou reproductions strictement réservées à l'usage privé du copiste et non destinées à une utilisation collective et, d'autre part, que les analyses et les courtes citations dans un but d'exemple et d'illustration, toute représentation ou reproduction intégrale, ou partielle, faite sans le consentement de l'auteur ou de ses ayants droit ou ayants cause, est illicite (alinéa 1ᵉʳ de l'article 40) – Cette représentation ou reproduction, par quelque procédé que ce soit, constituerait donc une contrefaçon sanctionnée par les articles 425 et suivants du Code pénal. »

© 2015 by Michèle Butzbach, Carmen Martín Nolla, Reyes Núñez Castaín, Dolorès-Danièle Pastor, Inmaculada Saracíbar Zaldívar
© 2015 by Santillana Educación, S.L.
© Didier FLE, une marque des éditions Hatier, Paris 2023 – ISBN : 978-2-278-11176-3
Achevé d'imprimer en Italie en février 2025 par Bona (Turin) – Dépôt légal : 11176/04